Carlos Cuauhtémoc Sánchez

Ser feliz es la meta

25 historias profundas y emotivas que nos darán fuerza ante los problemas

DIAMANTE
Best Sellers de valores
para mentes jóvenes

ISBN 978-607-7627-23-4

Derechos reservados:

D.R. © Carlos Cuauhtémoc Sánchez. México, 2011.

D.R. © Ediciones Selectas Diamante, S.A. de C.V. México, 2011.

Mariano Escobedo No. 62, Col. Centro, Tlalnepantla Estado de México, C.P. 54000. Miembro núm. 2778 de la Cámara Nacional
de la Industria Editorial Mexicana.

Tels. y fax: (0155) 5565-6120 y 5565-0333

Lada sin costo: 01-800-888-9300 EU a México: (011-5255) 5565-6120
y 5565-0333 Resto del mundo: (0052-55) 5565-6120 y 5565-0333

Correo electrónico: informes@esdiamante.com
ventas@esdiamante.com
Diseño de portada: D.G. Sarahí Moreno Vázquez.

www.carloscuauhtemoc.com

www.editorialdiamante.com

facebook.com/editorialdiamante facebook.com/carloscuauhtemocs

youtube.com/gpoeditorial twitter.com/ccsoficial

twitter.com/editdiamante

IMPRESO EN MÉXICO / PRINTED IN MEXICO

CONTENIDO

1

INTRODUCCIÓN

Un pacto de felicidad

Era de noche. Estaba solo en la pequeña habitación, acompañado de un ser humano diminuto.

Me apoyé en la superficie acristalada de la incubadora y contemplé a mi primera hija. Pesaba sólo un kilo novecientos gramos y los médicos no estaban seguros de que sobreviviera.

Me aflojé la corbata y suspiré. Mi exhalación empañó un poco el acrílico.

Dormía boca abajo. La pequeñez de su cuerpo era impresionante.

Despertó; estiró sus bracitos, levantó la cabeza y pareció mirarme unos segundos. Comenzó a girar el cuello muy despacio de un lado a otro, luego se dejó caer de bruces y tomó aire unos minutos para empezar los ejercicios de nuevo. Cada vez que empujaba su pequeño tronco con los brazos, como quien hace planchas o lagartijas, me echaba un vistazo de reojo y seguía ejercitándose; arriba, abajo, arriba, abajo. Parecía saber, por instinto, que necesitaba moverse para ganar fuerza.

Sus oscilaciones me fascinaron. ¿Qué estaba haciendo?

Imaginé que en cualquier momento se levantaría a hacer sentadillas o abdominales y pediría unas mancuernas para fortalecer los bíceps.

Alguna vez vi un documental en el que se mostraban los enormes esfuerzos de una mariposa por romper su duro

capullo. ¡Eso exactamente estaba sucediendo frente a mí!, pero no se trataba de una mariposa sino de mi propia hija.

¡Cómo la disfruté! ¡Era una luchadora! Verla moverse así me hizo entender que sobreviviría.

Cuando al fin se cansó de su rutina cardiovascular, quedó inmóvil con los ojos abiertos.

—*Hija... Hola... Soy yo. Tu papá.*

Levantó un poquito la cabeza como para ponerme atención; tragué saliva; ¡qué niña más extraña!, ¿no sería una extraterrestre?

—*¿Sabes por qué traigo este traje y esta corbata? Porque después de que tú naciste me fui a trabajar, desaforado. No sé estar tranquilo. No tengo paz... Toda mi vida he sufrido estrés. Desde niño estudiaba más que mis compañeros y peleaba por ganar en todo. Siempre me enfoqué en sobresalir. He alcanzado metas altas. Pero ¿para qué? Estoy muy cansado. A los veinticinco años ya me siento viejo. ¿Lo puedes creer? Soy muy infeliz. Tengo demasiada angustia acumulada... No sé si pueda ser un buen papá...*

La nena se aburrió de mi discurso y cerró sus ojos. Me quedé callado.

Aquella noche, en el pequeño hospital, contemplando a mi hija a través de la incubadora, entendí el sentido de la vida.

Toqué la superficie transparente con los nudillos.

—*Hey, nena, no te duermas. Quiero aprender a ser feliz y a ayudarte a serlo.*

A los padres de familia de una escuela se les preguntó cuál era el principal deseo que tenían para la vida de sus hijos. ¿Amor?, ¿riquezas?, ¿fama?, ¿prestigio?, ¿salud?, ¿premios? Como sólo podían elegir una opción, la aplastante mayoría marcó la casilla "FELICIDAD". Claro, porque la felicidad lo resume todo. ¿Para qué querrá una persona tener la lista completa de privilegios si NO ES FELIZ?

Jorge Luis Borges lo dijo cerca de su lecho de muerte: "He cometido EL PEOR DE LOS PECADOS / que un hombre puede cometer: NO HE SIDO FELIZ".

En esta vida, la felicidad es la meta.

Supe que algún día escribiría un libro con ese título. Cuando se lo comenté a un compatriota, me corrigió: "Compa, mejor ponle LA FELICIDAD ES *LA NETA*".

*(Los mexicanos usamos la palabra **NETA** para describir la certidumbre total; así declaramos: **La verdad es relativa, pero la neta es la neta. La neta** es lo correcto, lo incuestionable. Por eso decimos a alguien a quien queremos darle el mayor de los elogios: **ERES LA NETA.** O a los amigos, cuando hablamos sin máscaras: **La neta, estoy harto**. O **la neta, ya cálmate, cuate**).*

Así que la felicidad es la meta y la neta, pero no de la vida, sino de CADA DÍA...

Me lo enseñó un amigo deprimido, algunos meses después, al confesarme:

Siendo estudiante, decía: *Cuando termine la carrera seré feliz*. La terminé y me convertí en un desempleado. Así que dije: *Cuando tenga trabajo seré feliz*. Conseguí trabajo y me di cuenta de que ganaba poco dinero. Así que dije: *Cuando sea rico, seré feliz*. Me volví millonario y me di cuenta de que estaba solo. Así que dije: *Cuando me case seré feliz*. Lo hice y vi que mi esposa y yo discutíamos por todo. Así que dije: *Cuando tenga hijos seré feliz*. Tuve dos y me percaté

9

de que era muy difícil educarlos. Así que me dije: *Lo mejor es divorciarme para ser feliz*. Ahora estoy en el proceso. ¡Cada día tuve la felicidad a mi alcance, pero la saqué de mi realidad y la puse como un objetivo lejano!

Jamás lo olvidé:

La felicidad NO es la meta de la vida.
Es la meta de cada día.

¿De qué está hecha la *felicidad DIARIA*? ¿Qué la conforma?

A las personas felices

*Eric Fromm las llamó **personas autónomas**;*

*Abraham Maslow, **seres humanos autoactualizados**;*

*Carl Rogers, **individuos que funcionan plenamente**;*

*David Riesman, **individuos internamente dirigidos**;*

*Carl Jung, **personas individualizadas**;*

*Wyne Dyer, **personas sin límites**.*

Los grandes analíticos de la psicología humana han dirigido sus estudios a la gran meta de la vida: ¿CÓMO PUEDE EL SER HUMANO SER FELIZ? En los resultados de todos ellos existen muchas coincidencias. Éstas son las dos más trascendentes:

La persona feliz *tiene control de sus pensamientos y por lo tanto de sus emociones*; es capaz de generar ESTADOS DE ALEGRÍA CONTINUA, procesando positivamente los hechos y circunstancias que le rodean. De igual manera, la persona feliz *busca, en todo momento, elementos para su CRECIMIENTO PERSONAL*, pues encuentra el bienestar más concluyente en EL GOZO QUE LE PRODUCEN SU DESARROLLO Y REALIZACIÓN.

MÁS SIMPLE. La persona feliz:
•*Sabe estar contenta la mayor parte del tiempo*
•*Crece, aprende y se realiza todos los días.*

Cinco años después de que nació mi primera hija, le escribí esta carta.

La copio textual.

Amor:

Acabo de hablar a la casa y mamá me dijo que ya te habías dormido. Estoy en medio de una gira en Sudamérica y siento que me asfixio. Mi familia me hace falta como el aire que respiro.

Mamá me dijo que te veía triste; le comentaste que no podías disfrutar ninguna actividad porque estabas contando los días para volver a verme; que me extrañabas muchísimo.

Yo también te extraño, preciosa, pero procuro que la lejanía no me amargue el momento.

¿Sabes? Eres mi estrella. Cuando te vi por primera vez, te hice una promesa: *ser feliz* y **luchar por** *hacerte feliz*.

Así que no importa lo que pase, **quiero que recuerdes las máximas prioridades que tenemos en la vida**. Son dos:

- **ESTAR CONTENTOS SIEMPRE**
- **APRENDER COSAS NUEVAS CADA DÍA.**

Eso es la felicidad.

¿Y si tienes problemas?

No importa. Sigue *la misma vía*: podrás estar contenta, aunque te vaya mal, pues es cuando más aprenderás (y el aprender lleva implícito un gozo enorme).

Aun estando lejos, ambos buscaremos cada día aprender algo y estar contentos.

Voy a repetírtelo: ¡hoy, en este momento, en este minuto, en cada presente que vivimos **aprende y decide estar alegre! Si algo te sale mal, aprende; que el aprender justifique el mal momento y mantente contenta**. Si no ganaste una competencia, aprende y que el aprender te dé alegría... Si estás sola, **disfruta la soledad y reflexiona**. Cada noche, antes de dormir haz un repaso del día; busca en qué progresaste (QUÉ APRENDISTE) y qué motivos tienes para ESTAR CONTENTA. Si encuentras esas dos cosas, *tu día valió la pena*.

Hija, hoy quiero darle formalidad a nuestro pacto de felicidad:

AUN SI YO MURIERA O TÚ MURIERAS, EL QUE QUEDE VIVO SE ADAPTARÁ A LAS NUEVAS CIRCUNSTANCIAS, Y VOLVERÁ RÁPIDAMENTE A SU ENFOQUE DE *APRENDER ALGO CADA DÍA Y ESTAR SIEMPRE CONTENTO*, ¿de acuerdo?

Durante este viaje he leído y releído la carta que pusiste en mi equipaje. Me ha hecho sonreír y sentirme el hombre más feliz del mundo. Me recomiendas en ella que la lleve conmigo siempre para que no me sienta triste. Y eso he hecho. ¡Ha funcionado!

Si alguna vez te va mal, lee esta carta también, y recuerda que TENEMOS UN PACTO DE FELICIDAD POR SIEMPRE.

Atte.,

tu padre que te adora

2

ALTO A LAS EMOCIONES AUTÓNOMAS AGRESIVAS

¡Dominemos al dragón!

Soy un faquir matutino. No siento hambre durante las primeras horas de la jornada. Muchas veces, contraviniendo las recomendaciones de los sabios en nutrición, omito la primera comida del día. Pero mi esposa es diferente. En cuanto abre los ojos **necesita comer**.

Nuestro hijo menor lo explicó muy bien hace años:

—Mamá tiene un dragón interior al que hay que alimentar temprano. A los treinta minutos después de que ella ha abierto los ojos, si no come algo, su dragoncito se estira y bosteza; a los cuarenta minutos, se mueve sobre las alas y se talla los párpados; a los cincuenta minutos, se levanta y comienza a bufar sacando vapor; a los sesenta, se sacude y lanza un primer rugido; a partir de ese momento comienza a echar fuego quemando al que se atraviesa.

Hace poco, en el Parque Nacional y Reserva Denali, en Alaska, planeamos una caminata de tres horas, partiendo a las seis de la mañana.

Nos levantamos rozando la hora; apenas llegamos a tiempo a la cita en el bosque. Había varios entusiastas deportistas esperándonos. El plan era escalar por un sendero panorámico, llegar a un pequeño poblado en la cima del monte y volver. Acordamos que nos desayunaríamos después (a las nueve de la mañana). Pero no contábamos con el extraño fenómeno que le ocurre a María si no come temprano. Primero empezó a trotar, todos aceleramos el paso, después se echó a correr, como si los pies le quemaran; el grupo se alargó. De repente, se desvió hasta el borde del sendero. Los corredores siguieron de frente. La alcancé.

—¿Qué pasa, mi amor? ¿Te sientes bien?

—Claro que no. Tú organizaste este viaje ridículo. Nos has traído corriendo, escalando, remando, sufriendo la intemperie de bosques boreales todos los días. Y no he visto alces, ni nutrias, ni osos, ni ballenas como me prometiste. ¡Estoy harta! Quiero que canceles todo. Mañana mismo me regreso a casa con mis hijos. ¡Ellos se sienten igual que yo! ¡Pobrecitos!, míralos, tan flaquitos. No te dicen nada porque quieren parecer muy atletas, pero también están hartos. Te lo puedo apostar. Es más, de seguro, a varios de los que vienen en ese grupo de dizque deportistas les pasa lo mismo. Pero son unos hipócritas. ¿A quién quieren impresionar? Están aquí para evadir las frustraciones de su vida estéril. Pero yo no soy de ésos. Yo sí tengo plenitud y no necesito este tipo de escapes ridículos.

Uno de los guías del *hiking* nos alcanzó.

—¿Sucede algo? —preguntó al vernos al borde del desfiladero—, este lugar es un poco peligroso. Regresemos al sendero.

—Mi esposa tiene hambre —respondí.

Ella me miró con los ojos de furia; pude ver las flamitas en sus pupilas. El guía le ofreció una barra energética pero ella se negó a tomarla.

—Claro que no tengo hambre. Lo que quiero es arrojar a mi marido por el precipicio.

—Tiene hambre —insistí—. Cariño, cómete esta barra, te va a gustar.

—¡Ya estoy harta de comer preparados químicos empaquetados! Acabemos con este suplicio.

Echó a correr.

El guía me miró, preocupado.

—¿Ella está bien?

—Sí, pero espero que encontremos un restaurante pronto o este bosque se puede incendiar.

Todos los animales han sido equipados con un sistema de defensa que, cuando es activado por ciertas circunstancias externas de peligro, energiza el circuito de *emociones autónomas agresivas*. Sólo bajo ese influjo, por ejemplo, un animal manso atacará a su amo. Los seres humanos, por nuestra parte, también tenemos ese sistema de *emociones autónomas agresivas* que pueden llevarnos a cometer actos irracionales de los que después nos arrepentimos: hay padres que golpean a sus hijos de forma sanguinaria; hay quienes se emberrinchan, palmotean en las mesas, azotan puertas, se retan a golpes, insultan, amenazan, hacen señas obscenas, urden venganzas, se ponen histéricos, lastiman los sentimientos de sus seres queridos, se separan, se dejan de hablar, levantan muros de división y llegan incluso a extremos que salen en las noticias.

Lo grave del tema es que la activación del CIRCUITO EMOCIONAL AUTÓNOMO en los seres humanos obedece a registros subconscientes del pasado muy particulares de cada persona. Sólo los psicoterapeutas, tras años de analizar los recuerdos de sus pacientes, pueden llegar a comprender por qué algunos reaccionan con tanta vehemencia ante determinados estímulos.

Para decirlo simple:
todos tenemos un dragón interno.

El dragón de mi esposa es simpático, porque puedo calmarlo con unas galletas. Claro, siempre que no sean de dieta o ultranutritivas (la comida sana la irrita aún más). Pero si le das de comer lo adecuado, se puede tranquilizar.

Cada persona tiene como un botón de alarma que despierta a su dragón. El mío se despierta cuando alguien toma mis cosas (libros, papeles, discos, aparatos electrónicos) y los cambia de lugar. El de Betty, cuando alguien la acusa de haber cometido un error que no cometió. El de Juanito, cuando le niegas un permiso que pidió. El de Paty, cuando le levantas la voz. El de Imelda, cuando no le das las gracias por la comida que preparó.

En la película *Volver al futuro,* Marty McFly soportaba cualquier cosa: podía conducir su patineta entre los autos, saltar, volar y viajar en el tiempo con estoicismo heroico; pero si alguien le decía *gallina*, la sangre le subía a la cabeza, enloquecía de rabia y casi se hacía el haraquiri.

Hay voluntarios piadosos capaces de salvar la vida a las tortuguitas recién nacidas de las playas más lejanas, pero que montan en cólera si alguien los acusa de buscar protagonismo.

Existen videntes y astrólogos que adivinan la suerte con una sonrisa, pero que se vuelven verdaderas fieras si su cliente no trae suficiente dinero para pagarles.

Vale la pena ser analíticos e identificar las nimiedades que oprimen el botón de alarma de nuestro dragón y el de las personas cercanas. Una vez identificadas esas nimiedades, si son propias, procuremos tomar el control. Por ejemplo: EN CUANTO NUESTRO DRAGÓN DÉ LOS PRIMEROS INDICIOS DE ESTIRAMIENTO, APLIQUÉMOSLE UNA LLAVE DE *JUDO* MENTAL Y MANTENGÁMOSLO INMÓVIL hasta que se vuelva a *dormir*. Por ningún motivo le permitamos dirigir nuestros actos y palabras. Si de todas formas se levanta,

ENFRENTÉMOSLO *A SOLAS*; de ser posible, apartémonos unos minutos de la gente.

Un experto DOMADOR de su dragón se identifica porque cuando éste se despierta, permanece callado, quieto, ruborizado, sudando, temblando, y después respira hondo y cambia el tema. El mundo califica a ese individuo como prudente, maduro, y sabio. Por otro lado, *quien se deja llevar por las emociones autónomas agresivas* es conocido como histérico, exagerado, pendenciero, ofensivo, colérico, impulsivo y loco.

Así que, en lo que a nosotros respecta, tomemos el control.

Ahora, ¿qué hacer *en relación a los demás*? Muy simple. Mantengámonos alejados del botón que los trastorna. Y si ya se trastornaron, en la medida de lo posible ayudémoslos a salir de su trance y abramos la distancia emocional suficiente para que con sus locuras no aprieten nuestro propio botón.

Cuando yo veo las chispitas que salen por las pestañas de mi preciosa esposa, de inmediato miro el reloj y me doy cuenta, casi siempre, de que tenemos un retraso considerable en nuestros horarios alimentarios. Así que, aunque estemos en medio de un hermoso concierto o en una excelente obra de teatro, me levanto sin importar las incomodidades que cause alrededor y voy por algo de comer. Mientras más pronto lo haga menos malo será el resultado del día y ella podrá concentrarse de nuevo en la belleza del momento.

Algo así sucedió en Denali.

Al llegar a la cima del monte, encontramos el pequeño poblado. María se metió a la única tiendita. La acompañé. Me pidió mi cartera, se la di sin protestar. Entonces compró víveres. Muchos. ¡Demasiados! No sólo para ella, sino para todo el grupo. Sándwiches fríos, chips, galletas, jugos, yogures. Salió con una bolsa enorme. Les ofreció comida a todos; algunos aceptaron tomar algo por cortesía. Nuestros hijos, por prudencia, también aceptaron; no querían volver a hacer enojar al dragón de su mamá. En menos de tres minutos María se había despachado dos emparedados y medio litro de leche descremada. La bolsa que compró era tan abundante que casi se quedó llena; a mí me tocó cargarla de regreso. Lo bueno fue que ella recuperó casi de inmediato su hermosa sonrisa y la luz escarlata de sus ojos volvió a brillar. Iba feliz, tomando fotos y admirando el paisaje. En varias ocasiones me abrazó y me dio un beso agradeciéndome por organizar esos hermosos paseos.

Mis hijos y yo intercambiamos miradas y sonreímos.

Para ser felices, dominemos las emociones autónomas agresivas.

O mejor dicho:
mantengamos bajo control al dragón.

3

SEAMOS SEGUROS DE NOSOTROS MISMOS

Como Honey, no como Goliat

Goliat tiene nombre de gigante, pero carácter de insecto. Es miedoso y gruñón. En temporada de lluvias se escabulle hasta mi recámara y se echa junto a la cama haciendo ruiditos agudos como si estuviese en agonía. No existe poder humano que lo haga levantarse para volver al jardín. Puedes gritarle, amenazarlo, cantarle o decirle poemas al oído. Todo es igual. Él sigue temblando sin moverse ni un milímetro. El problema de Goliat es que tampoco resulta fácil cargarlo o arrastrarlo. Es un gran danés negro y pesa sesenta kilos. Cualquiera que lo ve da un paso atrás. Tiene apariencia de villano, pero si le gritas, corre a esconderse como ratón.

Hace tiempo lo mandamos a la escuela; reprobó todas las materias; los entrenadores nos dijeron que no era tonto, sólo "inseguro de sí mismo". Yo me enfadé.

—¿Inseguro? ¡Un perro no puede serlo!

—Sí puede.

Cansados del horrible genio de Goliat, aceptamos adoptar una cachorrita labrador. La llamamos Honey. Entonces conocimos lo que es la seguridad canina.

Honey, siempre alegre y activa, se ha vuelto la alegría de nuestro hogar. Corre de un lado a otro, trae la pelota, sabe abrir la puerta de la casa, da las cuatro patas si se las pides; se sienta, se echa, se rueda, se para de manos y siempre está

contenta. Suele irrumpir como tromba, saltar al sillón y aco-
modarse junto a nosotros como si estuviera en su derecho.
Si le pido que se vaya, obedece de inmediato, pero regresa a
los pocos minutos trayéndome un juguete para congraciarse.
Casi habla español. Parece reírse cuando cuento algún chiste.
Como es lógico, Goliat no la soporta. Desde que ella llegó, a
él se le amargó aún más el carácter.

> *En casa tenemos algunas frases que se han vuelto muy*
> *populares entre nosotros:*
> **Las negativas**: *"esa persona tiene actitud de Goliat", "ya no*
> *tiembles como Goliat", y "quita esa cara de Goliat".*
> **Las positivas**: *"esa niña es tan segura como Honey", "hoy*
> *te veo muy feliz, te pareces a Honey", "tienes la confianza*
> *de Honey".*

Con nuestros perros hemos corroborado que alguien inseguro de sí mismo no es capaz de ser feliz ni de hacer felices
a los demás.

> La **autoconfianza** es el punto de partida para la buena ac-
> titud. Una persona insegura es condescendiente, tímida,
> miedosa, callada y a veces traicionera.

Así fui yo en una etapa de la secundaria.

A los trece años, las constantes agresiones de mis compañeros mermaron mi seguridad. Después de ser víctima de un
sinnúmero de bromas pesadas, acabé volviéndome bromista
vengador. Aprendí a idear armas secretas que usaba en contra
de los demás: masticaba chicles y después se los pegaba en el
cabello a las niñas presumidas. Rompía cartuchos de tinta y
los vaciaba en las mochilas de los abusones. Escribía recados
de amenazas o de amor, los firmaba con el nombre de otros, y
los ponía entre los cuadernos de hombres y mujeres creando
grandes confusiones.

Un día, el profesor Martínez me atrapó con las manos en la masa y me llevó de la oreja a las oficinas.

Entró a la dirección sin tocar la puerta y dijo eufórico:

—Estoy harto. Aquí le traigo a este alumno; ya no lo soporto. ¡Exijo que lo castigue, director!

—Tranquilo, profesor. A ver, muchacho. ¿Qué hiciste, que puso tan de mal humor al maestro Martínez?

—Metí un excremento de plástico a su portafolios.

—¡Untado con chocolate derretido! —aclaró el profesor—. Lo agarré de improviso y sentí tanto asco que tiré el café que traía en la otra mano. Todos los alumnos se rieron de mí.

—De acuerdo. Ya entendí. Puede retirarse, profesor.

El director de la escuela se puso de pie, caminó por su oficina y me miró sin hablar. Después de un rato volvió a sentarse.

—Tú y yo ya nos conocemos… ¿verdad, *Carlos*?

—Sí.

—Hace unos meses tuvimos una junta con tus padres porque *otro compañero te molestaba*… —asentí—. También te oí declamar en una ceremonia cívica. Eres un buen estudiante. ¿Qué te sucede?

—Nada.

—Mírame de frente —lo obedecí con timidez—. ¿Tu vida ha sido difícil?

Negué con la cabeza.

—¿Tus compañeros más grandes te siguen molestando?

Me encogí de hombros.

—Voy a adivinar… Has querido ganar respeto en tu clase y no lo has logrado. Has tratado de hacer bien las cosas y todo te ha salido mal. La gente se ha burlado de ti y no tienes a nadie en quién confiar.

Levanté despacio la cara. Pregunté.

—¿Cómo lo sabe?

—En el fondo, todos hemos sido humillados y tenemos heridas secretas. Por eso nos volvemos huraños, tímidos, o burlones. A veces, hasta alzamos la voz, decimos majaderías o amenazas. Lo que te pasa a ti es un problema generalizado. Cada persona anhela (¡implora!) que otros la acepten y admiren. ¿Tú no?

—Tal vez —corrió su silla y se sentó a mi lado.

—*Observa, Carlos. Incluso el maestro Martínez se siente poco valorado. ¡Pero es lo más común! Él es un ser humano igual que nosotros. ¡La mayoría de la gente lucha contra su propia inseguridad!, date cuenta y entiende esto muy bien: ¡sólo tú determinas cuánto vales! Nadie más. Las personas pueden decir lo que quieran, pero ninguna establece tu valor. ¡Vales mucho a pesar del rechazo de otros! Eres un gran ser humano aunque las cosas no te hayan salido bien. Tu mayor enemigo se llama INSEGURIDAD. ¡Gánale la batalla! Aprende que eres digno y meritorio; lo que otros ven en ti como defectos, no son defectos, son particularidades que te hacen único y por consiguiente, especial, poderoso, potencialmente grande.*

Asentí... Me llevé ambos puños cerrados a los ojos y apreté mis párpados.

¡Así que mi problema y el de casi todas las personas infelices son las heridas secretas que se convierten en inseguridad!

Hace poco recordé lo que me dijo aquel director en la secundaria, fui al rincón de Goliat y me senté a hablar con él.

Le repetí el discurso.

—Goliat, tú tienes heridas secretas que debes sanar; antes de que llegaras a esta casa quizá te maltrataron. No lo sé. Pero ahora te sientes rechazado de manera injusta. El pasado ya pasó. *Nadie sino tú mismo determina cuánto vales. Confía en ti; sólo así empezarás a ser más feliz.*

Goliat agachó la cabeza con el rabo entre las patas y emitió unos gemiditos blandengues. Detrás de mí estaba Honey, esperando que acabara de hablar con su compañero, moviendo la cola, con una varita de madera entre los dientes, lista para corretear conmigo en el jardín. No había remedio, Goliat era *inseguro*, por lo tanto *infeliz*. Honey, todo lo contrario.

Me pregunté qué tan seguro soy yo.

Cuando llego a una reunión social, ¿tiendo a irme al rincón, disimulando mi temor con la excusa de que no conozco a nadie?, ¿o me apresto a entablar conversación con voz fuerte y mirada franca?

Cuando sueño con hacer cosas arriesgadas, ¿me detengo calculando lo mal que puede salir todo y me meto a mi concha, sin atreverme a emprender?, ¿o me lanzo a la aventura, consciente de que sólo se vive una vez y que ni siquiera puedo tener la certeza de que estaré vivo mañana?

Cuando tengo la oportunidad de salir a escena, ¿me desenvuelvo con excesiva precaución por temor a equivocarme?, ¿o actúo con energía y naturalidad, sin miedo a hacer el ridículo?

Cuando tengo cosas importantes que decir, ¿permanezco callado y prefiero guardar silencio?, ¿o me aventuro a levantar la mano y expreso con firmeza y claridad mis opiniones?

Cuando tengo ganas de viajar, participar en aventuras, darme un gusto o comprar algo que anhelo mucho, ¿me contengo, porque creo que no merezco darme premios?, ¿o me doy el gusto sabiendo que trabajo para eso y que después me empeñaré en seguir siendo productivo?

Cuando puedo arreglarme bien, usar ropa buena y tener una apariencia impecable, ¿prefiero la moda desaliñada, no usar perfume, no rasurarme, no lavarme los dientes y caminar encorvado?, ¿o por el contrario, invierto tiempo y dinero en verme bien *porque lo merezco*?

Cuando deseo ser amable, alegre, dar la mano, hablar despacio, mirar a los ojos a los demás, ¿me comporto como Goliat o como Honey?

Me prometí estar consciente todo el tiempo de los puntos anteriores para hacer lo correcto y ganarle así la batalla a la inseguridad.

Ayer llovió por la tarde.

Mi gran danés negro, temblando de terror, se metió a la casa a esconderse. Mi labrador dorado y yo salimos en plena lluvia a jugar. Me trajo una y otra vez la varita que le aventé. Cuando nos cansamos me senté frente a ella, escurriendo de agua y le dije:

—Honey. Tú eres feliz porque eres segura. *Yo también*. ¿Sabes desde cuándo? Iba en la secundaria y el director de la escuela me dio una gran lección.

Entonces le platiqué la historia. Ella me escuchó atenta, sentada, con la boca entreabierta, jadeando.

—Desde entonces dejé de tener miedo y de ser agresivo con los demás —concluí—, porque aprendí a ser más seguro de mí mismo y milagrosamente también aprendí a ser más feliz.

Cuando terminé de platicarle, Honey movió la cola y me dio la pata mientras alzaba de nuevo la varita.

—Eres insaciable.

Y echó a correr alegre, para que se la aventara.

4

BUSQUEMOS SIGNIFICADO A LO INEXPLICABLE

¡Convirtamos las piedras en perlas!

Fue una lluvia atípica. Así lo denominaron los expertos en meteorología. Durante el verano de mayor sequía en la ciudad, en un solo día se precipitó el setenta por ciento del agua que debía haber caído en toda la temporada. Difícil de creer. Nunca había sucedido. Los estragos inconmensurables como inundaciones y derrumbes eran de esperarse. Lo que nunca esperé fue lo que le pasó a nuestra casa.

Acabábamos de alfombrarla. Con gran esfuerzo económico, pusimos madera nueva en las paredes. Durante los últimos años fuimos coleccionando figurillas artísticas de gran valor. Nuestra sala estilo provenzal llego a parecer más un museo que una estancia. Cuando el único "vicio" que tienes es hacer tu hogar más acogedor, vas invirtiendo todas tus ganancias en ello. Nuestra casa era el recinto sagrado de la familia, el lugar al que llegábamos para ser "felices". De hecho, nuestra definición de "felicidad" se centraba ahí. Hasta que llegó la lluvia atípica.

Era domingo. Habíamos ido a visitar a un primo que se cayó de una escalera y estaba postrado en cama con un pronóstico reservado porque se fisuró dos vértebras. Mis hijos, mi esposa y yo nos aseguramos de que se sintiera amado. No podíamos hacer más por él.

Había comenzado a llover temprano. Nos despedimos de mi primo cuando la tormenta había arreciado de manera peculiar. Nada se nos antojaba más esa tarde inclemente que refugiarnos en nuestro nido de paz. Emprendimos el camino de regreso, esperando llegar en treinta minutos. Pero el tráfico estaba detenido por completo.

El policía que cuida el fraccionamiento donde vivimos nos llamó por teléfono. Se escuchaba preocupado.

—Su casa se está inundando. Ya tiene unos treinta centímetros de agua en el interior. ¿Puedo entrar a poner a salvo las cosas que estén en el piso?

—¡Claro! Le dije. ¡Entre! Use las llaves de emergencia.

Le dimos instrucciones para que enfrentara la contingencia. Pero el hombre parecía muy asustado.

—Sigue entrando agua, es mucha.

María me quitó el teléfono.

—Poli, por favor ponga en alto la mochila de mi hijo. La dejó en el pasillo. Tiene su tarea. No se vaya a mojar.

—Uy, señora, la mochila ya está nadando.

—¡No puede ser! Corra a la cocina y resguarde mi libreta de recetas. Son de la abuela. Están en el cajón de abajo.

—El cajón de abajo ya se mojó. Espere. Me está llamando el vigilante de las casas vecinas —colgó.

La fila de autos era interminable. Quisimos poner las noticias, pero la recepción era mala. El cielo se veía negro y no dejaba de relampaguear. A los pocos minutos intenté volver a comunicarme con el guardia. No lo logré. Después de una media hora fue él quien marcó.

—Ingeniero, esto se ve muy feo. La barda colindante en la parte superior del condominio parece pandeada. Del otro lado se hizo una represa. Hay muchísima agua. Se está desbordando por arriba. El muro se va a caer.

—Tranquilo, poli. Eso es imposible.

El grupo de casas en donde vivimos está edificado a las faldas de una cuchilla montañosa. La constructora levantó una muralla de cinco metros en ese lugar. El enorme dique está bien reforzado. Por un momento quise imaginar lo que el policía describía. Si el embudo de la montaña se había llenado de agua, estaríamos hablando de una verdadera represa. Nuestra casa estaba en la parte más baja del condominio.

—¡Dios mío! —gritó el policía—. Ya se cayó la barda.

No tuvimos más comunicación. Seis horas después llegamos a nuestro fraccionamiento: los niveles de agua habían disminuido pero vimos varios autos volteados, unos encima de otros; en algunas calles todavía había mucha agua y los bomberos habían traído lanchas de rescate. ¡Lanchas en la ciudad!

Al fin llegamos a lo que hasta entonces había sido nuestro oasis de paz.

No quedaba nada.

Cuando nos paramos ahí nos fue imposible concebir que una inundación hubiese causado *eso*. Todos los ventanales rotos. Los muebles deshechos, sucios, revolcados en el patio. El refrigerador afuera, las televisiones enterradas en el fango. Olía a gas. El tanque estacionario se desprendió de las tuberías y había flotado vaciando su contenido en el interior del inmueble.

Tardamos varios minutos en asimilar la escena. Mis hijos tenían la boca abierta. María estaba pálida.

—Vámonos de aquí —les dije—. Hospedémonos en un hotel. Mañana regresamos.

Todo parecía tan absurdo. Esas cosas suceden en Malasia o en las Filipinas. No en tu colonia. Los damnificados que salen en las noticias son familias que viven en los asentamientos irregulares de Centroamérica. No *tu* familia.

> *Muchas preguntas atormentaban mi mente. ¿Qué hubiese sucedido de haber estado ahí? Quizá la ola nos hubiese arrasado junto con los sillones y el refrigerador. Quizá los vidrios se hubiesen roto en nuestras caras, y el agua que inundó el centro de carga, al electrificarse por unos minutos antes de causar los cortos que botaron los fusibles, nos hubiese electrocutado. El policía se salvó por salir a tiempo, gracias a la llamada del vecino, pero nosotros quizá no hubiésemos tenido tanta suerte.*

Aquella noche, quise explicar todo eso a mi esposa, que sollozaba junto a mí en la cama de un hotel. Pero ella sólo quería llorar. Así que la abracé en silencio por la espalda y le dije que estábamos juntos en las buenas y en las malas.

—Salvo la tarea del Capitán y las recetas de la abuela, podremos recuperar casi todo lo perdido, *con dinero*.

La conclusión era simple: **teníamos que trabajar más**. Sin embargo, estábamos en ceros.

El pensar en la falta de recursos económicos trajo a mi mente un concepto de la filosofía oriental:

El dinero puede comprar una casa, pero no un hogar; puede comprar un reloj, pero no el tiempo; puede comprar una cama, pero no el sueño; puede comprar un libro, pero no el conocimiento; puede pagar un médico, pero no la salud; puede comprar una posición, pero no el respeto; puede comprar plasma sanguíneo, pero no la vida; puede comprar sexo, pero no el amor.

Eran las cuatro de la mañana y se escuchaban sonidos indicativos de que en el colchón y sillón contiguos, nuestros hijos tampoco podían dormir. Encendí la luz.

Todos los integrantes de la familia nos incorporamos.

—¿Por qué pasó esto, papá?

—No lo sé... pero sí puedo pensar en varias respuestas de **para qué** pasó.

—¿Para qué?

—Ustedes díganme. Hagamos una lluvia de ideas.

—No, por favor. ¡No más lluvia!

—Entonces hagamos una tormenta de ideas.

—¿No existe otra analogía? ¿Algo así como unas ráfagas de sol?

Reímos. Mi esposa comentó:

—Es curioso cómo le pedíamos al poli que pusiera a salvo la mochila del Capitán cuando el pobre hombre estaba nadando con peces y ballenas; los remolinos se lo llevaban y yo quería que salvara las recetas de la abuela.

—A ver —retomé la pregunta—, ¿**para qué** sucedió esto?

Nuestros hijos dijeron algunas frases. Después los adultos complementamos.

—Para que **valoremos la vida**.

—Para que nos demos cuenta de que **todas las cosas materiales se pueden perder en un minuto**.

—Para que entendamos que **nada es realmente nuestro**. Que **todo *es prestado*** y así como se nos dio se nos puede quitar.

—Para que seamos **menos apegados a lo material**.

—Para que **no compremos cosas caras**.

—Para que mejor **invirtamos nuestro dinero en diversiones y viajes**.

—Para que compremos una **lancha de motor** (me encantaría esquiar en la avenida).

—Para que a partir de ahora pongamos los **tanques de buceo cerca de la cama**.

—Para que no dejemos **la mochila tirada con la tarea recién hecha** en el pasillo.

—Para que compremos **un SEGURO contra inundaciones, terremotos y relámpagos**.

> *Desde entonces comprendimos que es un acto de RESPON-SABILIDAD E INTELIGENCIA* **asegurar nuestros bienes.** *La adversidad puede llegar en cualquier momento y resulta infantil pretender que el gobierno nos indemnice cuando nosotros no tuvimos el cuidado de comprar un seguro o tomar precauciones.*

El ejercicio de buscar un *para qué* nos hizo relajarnos y nos ayudó a conciliar el sueño después. Dentro de toda la tristeza nos sentimos confortados.

> Cuando las madreperlas abren sus conchas capturando partículas nutritivas del mar, a veces entran en ellas piedras filosas que las lastiman. Como esos moluscos no pueden escupir, segregan sustancias que envuelven esas piedritas invasoras y con el paso del tiempo, las convierten en perlas.

Los logoterapeutas aseguran que si queremos sobrevivir a los tiempos de crisis y mantenernos alegres en cualquier circunstancia, debemos **ENCONTRAR UN SIGNIFICADO** basado en valores a todo lo que sucede.

¿Nos sentimos tristes por algún **suceso *inexplicable***? Entonces hagamos este ejercicio: **Pensemos que cada acontecimiento conlleva siempre un bien y en vez de sentirnos víctimas, preguntémonos: ¿Qué debemos aprender para crecer y capitalizar la experiencia?**

Al momento en que logramos hallar un significado a cada situación adversa, convertimos las piedras filosas en perlas. ¡SEAMOS PRODUCTORES DE PERLAS! Enfoquémonos en buscar sentido a todo. ¡La vida misma tiene sentido! ¿Qué podemos aprender de lo sucedido? ¿Cómo podemos estar contentos a pesar de lo que en apariencia no tiene sentido?

> Repasando el proverbio chino, aquella noche aprendimos que lo verdaderamente importante (por encima de lo material) es **la familia, el tiempo, la conciencia tranquila, la sabiduría, la salud, el respeto, la vida y el amor de las personas.**

Ésa fue nuestra perla.

Así tuvimos la fuerza inicial necesaria para reconstruir la casa.

Si queremos ser felices, busquemos un significado de valor a cada circunstancia.

¡Convirtamos las piedras en perlas!

5

SEAMOS ACARICIADORES DE ALMAS

Y disfrutemos los trucos del mago

Era viernes en la noche.

Estaba trabajando en mi estudio cuando María me llamó para que fuera a cenar con los niños. Además de nuestros hijos, teníamos a dos sobrinos invitados. Interrumpí mi trabajo y caminé a la cocina. Todos se veían alegres. Hacían bromas y reían.

Casi al momento en que estábamos terminando de cenar, *el Capitán anunció que iba a hacernos un nuevo truco*.

A mi hijo LE GUSTA LA MAGIA. Desde niño se vestía con sombreros de copa alta y aparecía palomas con una varita. Tenía un corral donde guardaba sus animales amaestrados. Hace tiempo compró un lindo conejo blanco, le dio de comer semillas fortificadas y creció del tamaño de un perro labrador. Nunca más lo pudo aparecer o desaparecer. Pero lo hacía salir a escena diciendo que era un compañero de su clase que sufrió una mutación.

En cuanto entró a la secundaria, Capitán comenzó a construir aparatos propios para cortarles la cabeza a sus asistentes o atravesarlos con espadas. Los aparatos no siempre funcionaban bien, **por eso, su mayor problema siempre fue conseguir asistentes.** Entonces él mismo se ofrecía a meterse en baúles cerrados, sacando la mano por un agujero para encerrarse desde afuera y escapar; como el truco no estaba diseñado para que una sola persona hiciera de mago y asistente, a veces se quedaba atrapado en el baúl y teníamos que traer a un cerrajero para liberarlo.

En la familia le decíamos que no se arriesgara. Algunos trucos nos ponían los pelos de punta, como cuando se comía un escorpión vivo o como cuando rompía una botella y se metía los fragmentos de vidrio por la nariz.

—Pongan atención —dijo aquella noche—, voy a hacerles un nuevo truco, pero den un paso atrás.

Era asombroso que a sus quince años ensayara tantas horas, leyera libros y se pasara noches enteras estudiando instructivos de magia y practicando. Aunque yo admiraba su iniciativa y carácter, NO LO APOYABA ABIERTAMENTE porque temía que algo le saliera mal. **Como ocurrió esa noche**.

—A continuación prenderé fuego a una olla de barro que puede explotar.

Entonces, su hermana mayor hizo un gesto de descalificación.

—¡Ashh!

Él se volvió hacia ella y preguntó, agresivo:

—¿Ashh, *qué*?

—¡Estoy harta de tus tonterías!

—¿Tonterías? ¿Qué te pasa?, ¿por qué te burlas de mí?, ¿por qué no quieres que haga magia? ¡Siempre me estás despreciando! ¿Sabes una cosa, hermana? *¡No eres bienvenida! Vete de aquí. Yo no hago trucos para ti.*

Se hizo silencio. Todos voltearon a verme.

—¡A ver, hijo, no puedes hablarle así a tu hermana!

—Papá, ella siempre me desprecia cuando voy a hacer magia. Tú también.

—¡Te estás pasando de listo, jovencito! Así que te guardas tu truco para otra ocasión. Ya hiciste un buen *show* por hoy.

—¿Ah, sí? ¡Pues a la goma! Me largo de aquí.

—Pues a la goma. Lárgate.

El ambiente en la cocina se hizo tenso. Los sobrinos invitados agacharon la cabeza. Mis otros hijos se quedaron impávidos. Todos escuchamos cómo Capitán se encerró en su cuarto dando un portazo.

—Terminemos de cenar —ordené.

Pero habíamos perdido el apetito.

La olla de barro al frente se mecía un poco. ¿Hice lo correcto? ¿Exageré el regaño? ¡Los hermanos no deben faltarse al respeto! Eso es una regla. Sólo que no alcanzaba a discernir quién le había faltado a quién.

Dejé la servilleta sobre la mesa y me paré. Tenía trabajo. Debía preparar la charla sobre **liderazgo constructivo** que impartiría al día siguiente.

Absurdo. No me sentía con autoridad.

María llegó a mi lado.

*—Amor. Necesitas ir a hablar con nuestro hijo. Tienes que arreglar **esto**.*

—No tengo nada que arreglar. Él debe pensar bien las cosas antes de ofender a su hermana.

—Pero ella lo ha ofendido antes. ¿No te das cuenta?

*—Aunque así fuera, ella **es mujer**.*

—Amor, tu hijo está encerrado. Llorando. No me voy a ir de aquí hasta que te levantes y vayas a hablar con él.

—Pues te quedarás de pie toda la noche.

Puso una mano sobre mi hombro.

—Por favor…

No lo resistí. Cerré los ojos un instante.

¿Quién dijo que era fácil ser papá?

Tomé la mano de mi esposa y la acaricié.

Dejé el estudio.

Fui a la recámara de mi adolescente. Toqué. Nadie respondió. Giré el picaporte. La puerta estaba atrancada con una silla. Empujé fuerte y logré entrar. Prendí la luz.

Él estaba acostado. Tapado con las cobijas. Me senté a su lado.

—Hijo. Quiero hablar contigo... Aunque, la verdad, no sé qué decirte.

—Mmmh.

—¿Podemos razonar juntos lo que pasó?

—No. Vete.

—A ver, hijo. Yo siempre te he apoyado...

—No es cierto —levantó la cara—. Cuando mis hermanas se presentan en público, estamos puntuales con cámaras y pancartas, todos aplaudiendo; les das enormes ramos de flores y nos llevas a celebrar, pero cuando yo hago un *show* de magia ni siquiera me felicitas.

No importaba lo que yo pensara sino lo que él percibía. Sentí un nudo en la garganta al verlo tan herido. Quise abrazarlo y me rechazó...

—Quizá... es decir... yo no lo había visto así. Pero tú eres más fuerte que esto. Puedes reponerte.

—¡No, papá! ¡Te prometo que *jamás en la vida voy a volver a hacer un truco de magia para ti o para mi hermana*!

Me quedé mudo. El problema era más grave de lo que imaginé.

Él estaba realmente lastimado.

Quise entenderlo, ponerme en sus zapatos.

Hace muchos años cuando terminé de escribir uno de mis primeros libros, le di a leer el borrador a alguien a quien amo. Recuerdo que esa persona lo leyó y nunca me llamó para darme sus comentarios. Fui yo quien la telefoneé. Al preguntarle cómo le había parecido el libro, me contestó (mientras yo estaba nervioso, tronándome los dedos, expectante de su respuesta), "bien, bien, ¡ah!, oye, se me olvidaba, ¿cuál es el número del veterinario que vacuna a tus perros?". Le di el número y me despedí. No hablamos más del libro. Me sentí tan herido y ofendido que jamás volví a darle uno de mis borradores.

YO SÉ LO QUE ES SER DESPRECIADO CUANDO HACES TU MEJOR ESFUERZO. Muchas personas lo saben. Hay mujeres que se la pasan todo el día cocinando y nadie les dice *gracias*, pero, a cambio, reciben reclamos si a la comida le faltó sal o porque ese día se antojaba otra cosa. Hay hombres que trabajan durísimo para traer un cheque cada quincena a casa y sólo reciben quejas, pues a la vista de los beneficiarios, el número impreso en el cheque es pequeño. **Hay empleados que después de hacer su mejor esfuerzo reciben correctivos de un jefe experto en buscar errores**... Muchos sabemos lo que se siente que nos hagan a un lado y nos ignoren cuando estamos ansiosos de ser tomados en cuenta y *participar*...

El corazón humano es vulnerable; termina endurecido por no recibir aprobación.

¿Queremos brindarle felicidad genuina a alguien? *Démosle un elogio*. **LOS ELOGIOS SON CARICIAS PARA EL ALMA.** NADA PUEDE CAUSAR MÁS ALEGRÍA A LOS DEMÁS, Y A NOSOTROS POR DEVOLUCIÓN, QUE VOLVERNOS *ACARICIADORES DE ALMAS*.

Sin embargo, por desgracia, vivimos encerrados en nuestro mundo y **somos egocéntricos**. Sólo hablamos de nuestros proyectos. La vida de los demás no nos interesa. **Nos creemos tan sabios en nuestra propia opinión** que cuando vemos a alguien llorar, **en vez de escucharlo; nos aprestamos a darle consejos**. Nos encanta enseñar a otros cómo deberían vivir, cómo deberían actuar, cómo deberían pensar.

Así de brutos somos. Así de bruto soy.

—A ver, hijo —le dije con tono académico—. Busca la moraleja en lo que sucedió esta noche. **Aprende la lección**. ¿No has pensado que deberías ser más asertivo? La *ASERTIVIDAD* se define como *la capacidad para no ser sumiso ni agresivo y salirse por la tangente ante las críticas*...

Capitán me miró de frente. Sus ojos estaban vidriosos. No quería contender. Se había dado por vencido. Me dijo:

—**Cuando yo tenga hijos no voy a ser como tú.**

Eso me derrumbó. De pronto pude ver mi gran error.

Nuestros hijos, **aunque parezcan muy rebeldes y enojados**, casi siempre anhelan (¡a gritos silenciosos!, ¡con todo el corazón!) **agradarnos, sorprendernos; ganarse nuestra admiración y cariño**. Sólo cuando se dan cuenta de que sus padres somos inconmovibles y no mostramos ningún interés (real) en sus esfuerzos, **nos dan la espalda** llevándose por siempre una herida que supura.

Sentí que la habitación daba vueltas. Yo me consideraba un *papá comprometido*. **No merecía una declaración así**. Pero pude comprender que había fallado en algo (a los padres nos sucede a menudo con nuestros **hijos varones**): **había elogiado poco a mi Capitán**; escatimé darle palabras de aliento. Debí ser más generoso para expresar: *¡Ahhh!, ¡guau!, ¡increíble!, ¡te felicito!, ¡eres genial!, ¡cómo admiro lo que haces!*

Esa noche lo intenté, y volví a hacerlo mal:

—Hijo, tú eres grande —le dije—. ¡Anímate! Eres un mago profesional. Haces trucos maravillosos. ¡Te felicito! **Pero** comprende *esto*: ¡un buen mago **no se pelea con su público**! ¡No discute con alguien de la audiencia cuando va a presentar sus actos! ¡El verdadero mago **sabe manejar al público**! ¡A cualquier tipo de *público*! ¡Incluso al más agresivo!

Mi hijo, que había agachado la cara, volvió a levantarla; su expresión de decepción era aún mayor. Movió la cabeza de forma negativa. Vi cómo sus párpados volvían a llenarse de lágrimas y con voz temblorosa me dijo sin apartar ni un segundo la vista:

—Yo sé manejar al *público*. Pero entiende una cosa... Papá —se detuvo unos segundos y lo dijo—... tú **no eres el público**... Eres *mi papá* —hizo una pausa; la frase me traspasó como daga—... Mi hermana mayor **no es el público**. Es *mi hermana mayor* —continuó tratando de mantener la entereza de su voz—, **ustedes son mis** *líderes*. **Mis** *autoridades*. **Mis** *modelos*. Si ustedes me rechazan —entrecortó las pala bras y repitió—... si *ustedes* me rechazan entonces yo realmente creo que no sirvo —se llevó ambas manos a la cara para controlarse, aspiró y volvió a mirarme de frente—... Si me desprecia un desconocido, lo puedo manejar, pero si lo hacen ustedes, mi mundo se viene abajo...

No pude decirle nada. Lo abracé y lloré con él. Después de un rato, susurré:

—Tienes toda la razón, hijo. Perdóname.

Fui por su hermana y los dejé solos.

Después de un rato, ella salió pasmada del cuarto. Me dijo:

—¡No me había dado cuenta! ¡Se abrió conmigo de muchas cosas del pasado! Jamás lo he felicitado por sus esfuerzos. Siempre estoy dándole consejos...

> La gran trampa que destruye familias y rompe la armonía de los grandes equipos es ésta: **hacer que la gente se sienta rechazada.**
>
> **Quien nunca recibe elogios, tarde o temprano se desespera y renuncia a hacer el bien.** Se va. Deja de luchar y rompe sus lazos con otros.

No hay nadie que pueda evitar sonreír después de recibir un elogio.

> El principio debe ser aplicado también por muchachos y niños. Con mucha frecuencia acostumbrados a pedir (y a veces a exigir) atención o privilegios, LOS JÓVENES se olvidan de decirle a sus padres *"¡gracias!; ¡aprecio lo que hacen!, ¡valoro su esfuerzo!, ¡es un privilegio para mí ser su hijo!"*, y es que TODOS, sin importar que se trate de adultos o ancianos (ellos con mayor razón), NECESITAMOS SER QUERIDOS, ADMIRADOS, AMADOS, RECIBIR PALABRAS CARIÑOSAS, QUE NOS SALUDEN VIÉNDONOS A LOS OJOS, QUE NOS SONRÍAN Y NOS DIGAN QUE VAMOS BIEN, QUE SOMOS IMPORTANTES.

Cuando el mundo entienda esta simple verdad, comenzará a brillar la felicidad en muchos rostros.

6

RESPETEMOS A LAS AUTORIDADES LOCALES

¡O huyamos de sus terrenos!

Había una fila enorme para cruzar los filtros de seguridad en la terminal dos de la Ciudad de México. Me formé con cierto nerviosismo; iba con el tiempo justo, así que obedecí todas las indicaciones de rutina; saqué mi *laptop* del estuche, me quité el cinturón, puse en la charola los objetos metálicos y esperé obedientemente que me llamaran. Pasé despacio por el arco, con las manos separadas del cuerpo. Todo marchaba bien; pero al recopilar mis pertenencias, el policía sentado frente al monitor indicó que debían hacerle una revisión manual a mi maleta. La llevaron aparte (¡no puede ser!). Miré el reloj.

Un sujeto con el cabello cortado a rape se colocó unos guantes de látex. Me obligó a dar un paso atrás. Con toda parsimonia comenzó a meter la mano a mis pertenencias. Soy muy práctico para viajar. Nunca documento y en mi maleta de mano llevo sólo lo permitido. Ningún objeto filoso, las cantidades exactas de líquidos debidamente empacados en bolsitas transparentes. Cuando vi que el tipo seguía hurgando sin encontrar el tesoro, le pregunté:

—¿Puedo ayudarlo?

—Hágase para atrás.

—Perdón.

Siguió revolviendo el contenido. Volví a ver el reloj. Insistí.

—Si me dice qué busca, se lo puedo dar.

Me miró con desconfianza, como si yo fuera un hombre bomba dispuesto a apretar cierto botón escondido en mi axila para hacer volar el aeropuerto.

—Usted lleva una botella sospechosa.

—¿Cómo es?

—Pequeña.

—¡Claro! Todos los líquidos que traigo tienen menos de cien mililitros. ¿Me deja enseñarle lo que empaqué?

—A ver. Muévase despacio, que le vea las manos.

Sonreí. Ese personaje había visto muchas películas. Puse los recipientes al descubierto.

—¡Esto! —dijo tomando la salsa Tabasco—. ¡No puede llevarlo!

—¿Por qué?

—Es un líquido peligroso.

Esta vez me carcajeé.

—¡Peligrosísimo! —dije entre risas—, como todas las salsas picantes, puede ser dañina para las uñas y para los azulejos del baño.

—Tengo que quitárselo.

—¡No diga tonterías! Soy mexicano, igual que usted; la comida no me sabe sin picante.

—Este líquido no es de uso personal.

—Entonces ¿es de uso público? ¿Cree que lo traigo para compartirlo con los pasajeros del avión? ¡Jamás haría eso!

—Es irritante.

—¿Y? ¿Cree que se lo voy a echar en los ojos al piloto? ¡Deje de jugar! ¡Deme mi salsa Tabasco! Es nueva. La acabo de comprar. ¡Todavía está en su cajita! Al país a donde voy no la usan y yo la necesito para sobrevivir. ¡No me voy a ir sin ella!

El hombre me interrumpió.

—Los líquidos que se llevan a bordo deben ser de *uso cosmético*.

—¡Por ahí hubiéramos empezado! Yo me la unto en la cara por las noches. Arde un poco pero quita las arrugas. Usted también tiene algunas. Debería probarla.

—Está burlándose de *la autoridad*.

—¡Y usted está abusando de un ciudadano!

Para entonces se habían acercado a nosotros otros policías, haciendo ademanes de emergencia como si Osama bin Laden reencarnado hubiese llegado a comenzar la yihad.

Se abrió paso el jefe de seguridad.

—¿Qué sucede aquí?

Le expliqué la situación lo más ecuánimemente que pude, aunque confieso que para entonces ya estaba muy enojado. El hombre me ordenó:

—Entrégueme su pase de abordar.

—¡Y usted entrégueme mi salsa Tabasco!

—¿No me oyó? Quiero su pase de abordar.

—¿Para qué?

—Voy a anotar sus datos en mi registro —me miró con ojos de depredador—. De esa manera podremos darle un mejor servicio.

Tragué saliva. Ese tipo no quería darme un mejor servicio. Quería recoger mis documentos para que no pudiera abordar el avión. ¡Intentaba detenerme!

Traía el pase de abordar en mi camisa. El hombre lo miró y adiviné sus intenciones de arrebatármelo. Lo cubrí con la mano.

—¡Deme el documento! —insistió.

Hablé con menos fuerza, casi intimidado.

—Yo sólo quiero saber por qué me quitaron la salsa. Es nueva. Todavía está en su cajita.

—Le exijo que me entregue su pase de abordar.

Me vi rodeado. De pronto supe que iba a perder el vuelo. De hecho, quizá ya lo había perdido. Eso me obligaría a enfrentar serias consecuencias por incumplimiento de contrato. La salsa costó dos dólares. La demanda me costaría miles. Además, mucha gente importante me estaba esperando. Había toda una logística complicada respaldando mi viaje y mi llegada a esa isla del Caribe. Yo no podía perder el avión.

—Me voy —dije haciendo un ademán despectivo—, ¡quédese con la salsa!

—Ah, no. Usted no se puede ir. ¡Agredió a la autoridad!

Mis sospechas eran reales. *Ya estaba detenido*. Entonces cambió mi discurso. Traté de razonar con ellos. Los invité a ver cuánto me querían mis amigos de Facebook. Les aseguré que era un buen ciudadano, siempre levantaba la basura y comía con la boca cerrada. Les dije que cada año mandaba un cheque al Teletón. Comenté que estaba en contra de la caza de ballenas, y entre frase y frase pedí perdón. Fue muy humillante. Aferrado a mi maleta de mano seguí pidiendo perdón, dando pasos hacia atrás. Los policías me miraban triunfalmente. Habían logrado aplastarme. Bajé la vista y caminé hacia el avión. Eché a correr. Fui el último pasajero en abordar. Cuando tomé mi asiento miré la ventanilla, temblando. Pensaba que llegarían por mí y me llevarían preso de por vida a las islas Marías. No ocurrió. Recuperé el aliento cuando el avión despegó. Pero estuve nervioso todo el vuelo, pensando que al descender me estaría esperando la Guardia Internacional.

Durante el viaje me recriminé en voz baja.

¿Qué sucedió? ¡Yo creía tener razón y que esos policías actuaron con prepotencia!, pero a pesar de todo —carraspeé, hice una larga pausa, tosí y al final reconocí—, **debí obedecerlos**... Soy administrador y sé por definición básica que las autoridades de cada lugar tienen el cometido de hacer que las personas obedezcan las reglas **por bien de la organización y de las personas mismas**.

Aunque las reglas no sean de mi agrado, de entrada, debo acatarlas. Después puedo buscar formas de hacer valer mi opinión y generar un cambio, pero nunca organizando circos de rebeldía como el que acababa de hacer.

Lo primero que aprende el obrero cuando entra a trabajar a una empresa es a acatar las reglas. Si no quiere cumplirlas, simplemente no puede emplearse ahí.

Si yo voy a República Dominicana, por ejemplo, no me es lícito desobedecer al gobierno de ese país sólo porque soy mexicano. No puedo desconocer las leyes locales por el hecho de que yo no esté de acuerdo con ellas o porque sean diferentes a las que hay en el lugar de donde provengo.

En cada área o terreno **hay una autoridad** que sólo **hace su trabajo**, y su trabajo **NO** es *sólo* servirnos, sino **vigilar que obedezcamos las normas mientras transitamos por su jurisdicción**. El joven que sale de su casa no puede ignorar que **sus padres** son autoridades sobre él *en el terreno familiar*. Al llegar a la escuela, **el vigilante** de la entrada es autoridad *en el área de la banqueta*. Al pasar por el patio, **el prefecto** es autoridad *en esa zona escolar*, y al llegar al salón, **el profesor** es la autoridad *del aula*.

UN POLICÍA DE CRUCERO tal vez no es la persona más preparada del mundo, pero en esos cien metros cuadrados que comprende la zona de su control, **él es la autoridad y**

> **debemos respetarlo**. Puede resultarnos antipático. Puede caernos mal, pero si no queremos obedecerlo, **busquemos otra ruta**. *AHÍ, ÉL MANDA.*

Ahora, ¿qué sucede si la autoridad a la que nos enfrentamos, además de prepotente es corrupta y nociva? ¿También debemos respetarla?

¡ÉSTA ES UNA PREGUNTA CLAVE!

El mundo está lleno de personas engreídas que alardean de un poder malsano y de ser jefes para destrozar a los demás. PERO EL PRINCIPIO DE AUTORIDAD FUNCIONA IGUAL. Nuevamente, y ahora como *estrategia de autodefensa*, mientras estemos en los terrenos de algún dictador autócrata, debemos respetar su autoridad sobre nosotros (aunque, en la medida de lo posible, no la obedezcamos).

Por ejemplo: en la casa de contención de un secuestrador, el delincuente es autoridad sobre el secuestrado. A la víctima LE CONVIENE comportarse con sumisión, bajar la vista, hablar poco y ser respetuosa.

La autoridad malvada está enferma de soberbia y castiga con crueldad cualquier muestra de rebeldía.

¿No nos gusta el trato de un maldito que ejerce poder sobre nosotros? Muy simple. ¡Salgámonos de sus terrenos lo más pronto posible! Alejémonos de él. Entremos a otra jurisdicción y entonces sí, ¡denunciémoslo! ¡Encarémoslo, amparados por una autoridad mayor!, pero mientras estemos en su zona de poder, es nuestra obligación *y conveniencia* respetar sus reglas.

Llegando a República Dominicana me recibieron con grandes atenciones. Mis anfitriones fueron amables en exceso. Incluso el personal del hotel me trató como a un rey.

Ya que en el avión no probé bocado, llegué a mi suite con hambre. Pedí servicio a la habitación y me dispuse a escribir un rato lo que aprendí ese día. Tenía un par de horas libres antes de mi compromiso de trabajo y aún me sentía muy avergonzado.

Estaba solo en la habitación. Nadie me veía. Así que me puse de rodillas en el suelo e hice una oración secreta. Dije:

—*Dios mío. Perdóname por mi arrogancia. Hoy estuve a punto de perder el vuelo. Estuve a punto de no cumplir con un compromiso importante. Casi me llevan preso por altanero. Confieso que no me porté a la altura de un embajador de los valores. Fui un orgulloso y un patán. Perdóname, porque por mi mal humor y mi explosividad de carácter, casi malogro el privilegio de venir a trabajar a este hermoso país en donde la gente me quiere tanto. Yo no merezco tanto amor de la gente, tampoco de ti, pero te reconozco como mi autoridad suprema y te prometo tratar de vivir siempre siguiendo tus preceptos.*

En ese momento tocaron la puerta.

Me puse de pie y abrí. Era el camarero del *room service*. Traía el platillo que ordené. Lo puso en la mesita y me dijo:

—El chef quiso tener con usted una pequeña atención. Sabemos que es mexicano y quizá le guste el picante. Aquí le manda este regalito.

Junto a mi platillo había una salsa Tabasco nueva, en su caja, exactamente igual a la que me quitaron unas horas antes en el aeropuerto.

Cuando el camarero salió, cerré la puerta, volví a ponerme de rodillas y lloré.

7

TOMEMOS FOTOS EN EL CORAZÓN

Caben muchas y es gratis

Mi esposa tiene una obsesión que ha estado a punto de costarle la vida. Varias veces, la policía de un auditorio, un teatro o una aduana ha querido llevársela presa por **tomar fotografías** expresamente prohibidas.

> *Si ella considera que está frente a un lugar digno de ser fotografiado, tiene que hacerlo. No hay opción. Ante la negativa al respecto, entra en un estado de desasosiego que le impide concentrarse, incluso conversar. Suda frío, tiembla, comienza a jadear desesperadamente y los ojos se le van hacia atrás. Por fortuna su metamorfosis inversa (de mariposa a oruga) es temporal. Vuelve a la normalidad cuando toma la foto.*

Desesperado por la anormalidad de su conducta, la llevé a consultar un médico especializado en obsesiones neuróticas.

El hombre se acarició el mentón y le preguntó:

—Dígame, señora, ¿alguna vez ha puesto en riesgo su integridad o la de su familia por tomar una fotografía?

—No, doctor, en lo absoluto.

—Claro que sí —me apresuré a desmentirla—. En una ocasión, queriendo capturar la imagen de un atardecer, se paró en media carretera cuando venía un tráiler directo hacia ella y no se quitó hasta tomar la foto —me froté las manos como quien saborea una venganza largamente anhelada—. Y tengo más ejemplos, doctor. En una frontera militarizada, María no soportó la tentación de fotografiar a los policías y fuimos detenidos por presunto espionaje militar. Buceando, estuvo a punto de quedarse sin oxígeno a veinte metros de profundidad por perseguir una mantarraya gigante que se negó a posar para ella. En San Juan Chamula, desobedeciendo las advertencias del guía, fotografió a los religiosos practicando sus ritos, y tuvimos que salir corriendo perseguidos por varios fanáticos dispuestos a lincharnos.

—Qué interesante —dijo el médico—. Señora, ¿usted es fotógrafa? Quiero decir, ¿sabe técnicas profesionales? ¿Estudia las imágenes que toma e investiga cómo obtener resultados más artísticos?

—¡Claro que sí! —contestó María de inmediato.

—¡Por supuesto que no! —volví a desmentirla—, ella prefiere cámaras simples. Toma las fotos en modo automático; ni siquiera mira la resolución. Se desespera si las cámaras tardan en enfocar y oprime el botón varias veces con mucha fuerza; tiene miles y miles de fotografías: de momentos importantes y triviales, pero después de tomarlas se olvida de ellas. ¡No las revisa ni las imprime! Sólo las toma. Llena tarjetas de memoria y discos duros, uno tras otro. Puede fotografiar doscientas veces el mismo atardecer o quinientas veces al mismo artista que le gusta mientras canta. Sus fotos son casi idénticas… —María me miró con ojos de furia como diciendo "me las vas a pagar, desdichado"—. Es la verdad, amor —dije en tono paternalista—. *Venimos aquí para que te ayuden.*

—¡Yo no necesito ayuda! ¡Soy feliz tomando *muchas* fotos!

—¿Y por qué no usa una videocámara? —preguntó el doctor.

Me volví a adelantar.

—A mi esposa le produce un placer especial apretar el botón del obturador.

—Síguele —amenazó.

—Usted parece conocer bien el problema —me dijo el médico.

—Imagínese. Tengo años observando esa rareza, sonriendo, claro, mientras ella me toma fotos cuando la observo.

—¿Y ha notado que la conducta obsesiva de su esposa se acentúa si está contenta?

—¡Claro! —salté—. Ése es un buen punto. María asocia la fotografía con la felicidad. Si siente el más mínimo vestigio de alegría, *quiere capturar el momento*. El problema es que ella es demasiado alegre y todo le causa gozo. Así que no puede parar.

—Qué interesante —reiteró el médico—. Entonces la compulsión está ligada a los estímulos agradables del medio ambiente.

—¡Exacto! —completé—. Sus cinco sentidos le dictan cuándo y dónde sacar la cámara: si está comiendo un postre que le gusta, saca la cámara y le toma una foto al plato. Si escucha una melodía que le agrada, saca la cámara y toma la foto al aparato de sonido. Si tiene frío y se pone un suéter calientito, saca la cámara y le toma una foto al suéter. Si va caminando y percibe un olor agradable, saca la cámara y dispara al aire.

—No seas exagerado, mi amor —dijo ella mordiendo las palabras—, porque nada me va a dar más placer esta noche que tomarte una fotografía durmiendo con el perro.

—Doctor —la acusé como un estudiante de preescolar acusa a su compañero que acaba de decir una mala palabra—, dígale que saque una de sus cámaras y me tome una foto en este momento. ¡No va a poder hacerlo, porque está enojada! Eso demuestra la teoría.

—Muy bien —dijo el médico—, no discutamos más. El de usted, señora, es un caso clínico especial. Ha desarrollado un Trastorno Obsesivo Compulsivo enfocado a capturar los momentos alegres de la vida. Está obsesionada por atrapar la felicidad que siente… Como todos los TOC nos impiden funcionar bien en la sociedad, le recomiendo una terapia de aproximación.

—¿Qué?

—*Quienes temen a las arañas, por ejemplo, se someten poco a poco al acercamiento controlado de arácnidos muy pequeños, estudian a fondo el mundo de las arañas, usan llaveros y peluches en forma de arañas hasta que poco a poco van superando el miedo. Quienes temen a los espacios cerrados se someten a una terapia de aproximación a los sitios que les despiertan miedo; el proceso es gradual y sostenido, hasta que muchos de ellos superan su claustrofobia por completo. Usted tiene fobia a perder el momento presente y usa la técnica de fotografiarlo. A partir de ahora, en la medida que pueda, evitará utilizar su cámara. Saldrá de casa deliberadamente sin ella… y aprenderá a tomar fotografías con la mente y los sentimientos.*

La teoría sonaba interesante. Ella ladeó la cabeza y se rascó la nuca.

—¿Cómo?

—Hagamos la prueba. **Mire fijamente este cuadro unos segundos**. Véalo con toda su atención, analice la perfección geométrica de cada forma. ¿Ya está? Muy bien. Ahora cierre sus ojos y respire hondo; llene sus pulmones con la esencia del cuadro y observe que la imagen se ha quedado grabada en su cerebro de forma nítida. Acaba de tomar una foto con la mente y los sentimientos. ¿Lo vio? Abra los ojos. El cuadro está en usted. Cada vez que sienta alegría, procure fotografiar ese momento en su corazón. **Concéntrese en grabar el** presente como si fuera lo único importante. **Lo único cierto y verdadero en su mundo. Porque además, lo es. El pasado se ha ido y el futuro es hipotético.** Usted sólo tiene el instante presente, y créame, lo disfrutará más y se le grabará por más tiempo si aprende a llenarse de él, y evita mirarlo a través de una cámara.

María sonrió.

—¡Gracias! ¡Me acaba de dar un consejo muy valioso! ¡Lo aprecio! Déjeme tomarle una foto.

Sacó su cámara y le tomó al doctor no una sino quince fotos, primero conmigo, después solo, luego con su secretaria y después todos juntos en diferentes poses.

Al salir del consultorio la convencí de que intentara *de verdad*, usar la nueva técnica. Era lo más sano. Ella accedió.

Al día siguiente compartimos con nuestros hijos el concepto.

Lo entendieron de maravilla.

Desde entonces tenemos una nueva clave familiar: cuando estamos frente a algo hermoso o en circunstancias bellas, señalamos el pecho con el dedo índice y lo movemos como si oprimiéramos un obturador. El gesto significa "toma una foto en el corazón".

En muchas ocasiones alguien de la familia levanta la mano y hace ese gesto para gritar en silencio "observen, no se distraigan, tomen la foto en el corazón". Todos entonces nos concentramos en lo que sucede, respiramos hondo, separamos un poco los brazos y cerramos los ojos unos segundos.

¡Click!

> ¡QUÉ BIENESTAR PRODUCE CONCENTRARSE EN CAPTURAR LO BELLO DE LA VIDA!

Hemos aprendido a ser más felices desde que grabamos, en nuestra mente y sentimientos, cada ocasión inspiradora. Son muchas. Sólo hay que estar atentos.

No existe un solo día en el que no encontremos varias oportunidades para fotografiar en el corazón lo que sucede alrededor.

Tomar fotos así es una práctica que nos vuelve buscadores insaciables de lo bueno.
Y es increíble: cuando haces eso, LA FELICIDAD TE PERSIGUE.

Por otro lado, la mejor forma de complementar las fotos del corazón es ESCRIBIR UN DIARIO. La palabra escrita ayuda, como ninguna otra cosa, a conservar por siempre la esencia de la felicidad vivida.

Han pasado varios años desde que consultamos a aquel doctor. María sigue usando despiadadamente su cámara y aún gastamos mucho dinero en tarjetas de memoria o discos que llena al por mayor, pero después de tomar fotografías físicas también abre un poco los brazos, respira hondo y cierra los ojos.

Lo bueno de su corazón es que tiene espacio infinito para grabar millones de instantes.

Además, es gratis.

8

EVITEMOS CONTENDER CON LOS ABUSIVOS

Pongámosle la cruz al vampiro

Hace poco iba con mi familia a desayunar. Era domingo. Nos detuvimos frente a un semáforo en rojo. Justo detrás de nosotros había un auto viejo conducido por una señora con gesto tenebroso. La vi por el retrovisor. Estaba dando acelerones a su cacharro que sacaba humo negro. Me llamó la atención su cabello desgreñado. Manoteaba y abría mucho la boca al hablar con un adolescente gigantón sentado a su lado.

Por el costado de la calle, **una motoneta** en la que iban dos personas, hombre y mujer, **rebasaba despacio**. ¡Qué diferente pareja! Irradiaban luz. Vestidos de blanco, con cascos idénticos y ajuares alegres, disfrutando un romántico paseo dominical por las apacibles calles. Se me antojó hacer lo mismo: salir a dar la vuelta en moto con mi esposa.

Adelanté un poco el auto y les abrí espacio, pero la psicópata del auto viejo hizo lo contrario. Dando un acelerón se les atravesó. Casi se caen.

Bajé el vidrio y observé por el espejo.

Se escucharon gritos. El hombre de la moto reclamó.

—¿Qué le pasa, señora? ¿Por qué me avienta el coche?
—¡Porque ustedes los motociclistas se meten por cualquier lado, no tienen derecho! Estorban. Son unos imbéciles.

—*La calle es de todos. Mi esposa y yo salimos a pasear, no le hacemos daño a nadie.*

—*Usted es un pendejo y su esposa es una prostituta. ¡Luego luego se ve!*

—*¿Cómo se atreve?*

El hombre le dio un golpe al espejo lateral del auto viejo y lo rompió; dentro de mí, dije: "¡Sí!, ¡así se hace!".

Orilló su motoneta para escapar, pero la bruja reaccionó acelerando de nuevo y lo derribó. El joven gigantón que iba con ella salió del vehículo y se les fue a golpes.

—¡Rompiste nuestro retrovisor, desgraciado! ¡Te voy a matar!

El semáforo se había puesto en verde. No supe qué hacer.

—Vámonos —me dijo María.

—¡Ve lo que está pasando atrás de nosotros!

—Ya me di cuenta. Es una pelea. No nos metamos. ¿Qué tal si alguien saca una pistola y hay balazos?

—¡Pero están golpeando a una pareja inocente! Debemos hacer algo.

—¡Llamemos a la policía! Avanza. Pronto.

Dudé. Bufé. Quería echarme en reversa para chocar el cacharro viejo de la neurótica y ayudar a la pareja a escapar. Pensé en sacar mis guantes de box y entrar a la contienda, pero mi esposa ya estaba llamando a la policía. Casi de inmediato llegaron dos patrullas. Bajé del auto y les dije a los oficiales lo que estaba sucediendo. Ellos corrieron a intervenir.

La mujer de la moto parecía herida. No podía levantarse del piso. El hombre tenía la cara llena de sangre. La medusa loca seguía gritando y su hijo ballenato continuaba lanzando patadas al aire.

Me ofrecí a testificar, pero los policías dijeron que no hacía falta. Habían agarrado a los agresores *in fraganti*.

Volví a subir a mi auto. Nos alejamos. Llegamos al restaurante. No pude desayunar. Estaba indignadísimo.

Repasé los hechos con mi esposa.

—¿Dónde estuvo el problema de esa pareja? Les echaron a perder el día y tal vez la vida… quizá nunca más volverán a pasear juntos en moto los domingos.

—Tuvieron mala suerte —dijo María—, pasaron junto al auto equivocado en el momento equivocado.

—Sin duda, ¡pero eso le puede suceder a cualquiera!

—Bueno —dijo ella con pragmatismo—. El problema real ocurrió cuando el hombre de la motoneta quiso vengarse de los insultos de la loca y le rompió de un puñetazo su espejo retrovisor.

—Yo hubiera hecho lo mismo.

—Lo sé.

—A ver —respiré y razoné—. Si en vez de pelear, el hombre de la motoneta hubiese sonreído, pensando "**me puedes insultar o robar cosas materiales pero no me puedes robar la alegría**", y se hubiera ido de ahí con su mujer, nadie hubiese salido herido.

Me quedé con la vista perdida.

Recordé mi primer día de clases en la primaria.

Mis padres me dieron una mochila bien equipada: pusieron en ella cuadernos forrados con estampas de superhéroes, lápices, gomas, sacapuntas y colores de madera. Veo, como si hubiera sucedido ayer, que en la mochila había una bolsita escondida. Ahí pusieron lo que llamaron *la reserva secreta*. Utensilios básicos y una moneda. Me explicaron:

—Esto es sólo **por si pierdes o te roban algo.**

El primer día de clases salí de casa oliendo a perfume, escurriendo gotas de agua limpia y peinado con un concentrado de azúcar y limón que mamá me ponía en la cabeza para domar mis rebeldes cabellos lacios. En el suéter mi madre había bordado una *C* que significaba a la vez "Carlos" y "Campeón".

Antes de bajarme del auto, ella me dijo:

—Hay muchos amargados en el mundo. No te pelees con ellos. Cuando alguno te moleste o te quite algo —dio por sentado que eso iba a suceder—, déjale lo que te quitó y aléjate pronto. Para eso tienes tu "reserva secreta". Recuerda: los sinvergüenzas pueden robarte lo material, pero nunca la felicidad. A menos que tú se la des.

También los adultos tenemos una **RESERVA SECRETA**: cosas materiales, dignidad, autoestima, tiempo, salud y respeto propio. Es factible que algún rufián se nos atraviese para quitarnos algo de eso. No vale la pena pelear. Démosle lo que pide y vayámonos de ahí.

Quien desee ganar mucho debe estar dispuesto a perder un poco a veces. Es mejor aguantar ciertas agresiones esporádicas e incluso soportar que insulten a nuestra esposa e hijos antes de batirnos a muerte con un ofensor y arriesgar lo más valioso que tenemos. **El mundo está lleno de gente loca**. Las armas ilegales abundan alrededor.

Cuidémonos de los delincuentes, pero también de los muchos (muchísimos) **abusivos "educados"**, vestidos de traje, que andan cerca.

Hoy en día es común tratar de hacer negocios sanos y en**contrarnos con personas prepotentes** que quieren robarnos lo que producimos, no pagar, pagar menos de lo acordado o exigirnos rebajas tiránicas.

Cierto día me encontraba firmando libros y un hombre llegó a exigirme que le autografiara su **ejemplar pirata**. Me negué. Le dije que ese libro **no era legal**. El tipo armó un escándalo. Dijo que lo compró con dinero contante y sonante. Me exigió firmárselo. El organizador del evento, para protegerme, tomó un libro original y se lo regaló. Estampé mi firma y el abusivo se fue con el libro nuevo.

—Es un chupasangre —me susurró mi asistente—. No hay que pelear con ellos.

Mi asistente me enseño el nuevo calificativo. **Chupasangre.** Hay muchos.

Dejemos que se queden con lo poquito que pueden robarnos en su primer acercamiento (de nuestra **RESERVA SECRETA**) y *levantemos barreras para tener el menor trato posible con ellos*. No les gustará. Ellos *quieren que peleemos*, son traicioneros y *las peleas cuerpo a cuerpo les favorecen* para poder chuparnos más sangre.

En otra ocasión estaba con mi familia haciendo fila para documentar en el aeropuerto. Dos tipos se metieron a la fila frente a nosotros. Los dejamos pasar, pero cuando fueron llamados a la ventanilla, se me ocurrió gritarles:

—Pásenle, abusivos.

Entonces se regresaron y me retaron a golpes. Me insultaron y empujaron. Tuve que tragarme el coraje para proteger a mi familia. ¿Por qué no los ignoré desde el principio y evité gritarles "pásenle abusivos"?

Los chupasangres son vampiros. Casi siempre anticipan sus acciones. Dan avisos. Enseñan los dientes, se hacen los ofendidos y se tapan la cara con su capa negra.

Hay una **VERSIÓN CORPORATIVA** de este tipo de engendros. Algunas tiendas departamentales, por ejemplo (dirigidas por vampiros mayores) **sangran a sus proveedores**: les hacen **descuentos arbitrarios**, los obligan a firmar contratos leoninos, les "pagan" las facturas que se vencieron hace meses devolviéndoles los productos que acaban de pedir, los obligan a dar **aportaciones y donativos** vejatorios. SE APROVECHAN de que sus proveedores dependen del punto de venta que ellos tienen, y LOS EXPRIMEN hasta hacerlos quebrar de todas maneras. Son *compradores desleales, tiburones asesinos a quienes no les importa acabar con el pequeño empresario honesto*.

Lo mismo podría decirse de algunos *inspectorcillos corruptos* que se pasean frente a los negocios extorsionando al comerciante.

Los vampiros pueden estar muy cerca. También son los **familiares alcohólicos, manipuladores o abusivos**. Los **vecinos** chismosos o violentos. Los **clientes** que quieren *todo gratis*. Los desconocidos que **nos roban el lugar** en el estacionamiento o que se meten en nuestra fila. Los **ladronzuelos** que van tras nuestras pertenencias.

Identifiquémoslos. Evitémoslos. ¡Y démosles la espalda! ¡Abundan! No les hagamos fiestas. No nos hagamos sus amigos (o acabaremos como ellos).

Hay una línea muy fina entre dar servicio al cliente y dejarte chupar la sangre por los vampiros.

En este mundo de libre comercio no necesitamos arrastrarnos: necesitamos calidad en nuestros productos y en nuestras personas. Eso es todo.

Si alguien nos agrede, roba, insulta, o quiere chuparnos la sangre, recordemos que por ley natural, **ese individuo tiene el estigma de fracasado**. Está muerto en vida, condenado eternamente a sufrir soledad y tristeza. Tarde o temprano le irá mal.

Que este pensamiento nos consuele: a los vampiros, les acompaña como una sombra negra, la fatalidad. **Los persi-**

guen héroes armados de estacas. Se cierne una maldición sobre ellos.

Si nos encontramos con uno (que tal vez alcanzó a quitarnos algo), seremos ganadores poniéndole la cruz y cerrándole la puerta en los colmillos. ¿Y si temblamos de rabia, deseosos de bajarnos del auto o gritarle una bien merecida majadería?, traguemos saliva y recordemos los sabios consejos de una madre.

Hay muchos amargados en el mundo. No te pelees con ellos. Cuando un abusón te moleste o te quite algo, déjale lo que te quitó y aléjate pronto. Para eso tienes tu "reserva secreta".

Los sinvergüenzas pueden robarnos lo material, pero nunca la felicidad.

PRODUZCAMOS MÁS DINERO

El dinero no da felicidad (cuando es poco)

La señora Laura quiere venderme un auto.

La conocí en el pasillo del centro comercial. Cometí el error de asomarme al interior del vehículo de exhibición y decirle que me gustaba. Pero ese no fue mi único error. Ella me dijo, *aquí entre nos*, que el precioso deportivo, por haber estado sometido a las miradas impertinentes de cientos de transeúntes en la plaza, sería regalado al ganador de una rifa. Puso en mis manos el formato para participar y me aseguró que casi no había personas inscritas.

—Tiene grandes posibilidades de salir premiado; le llamaré en el transcurso de la semana para darle la buena noticia.

Entonces llené el cupón con mis datos: nombre, teléfonos, correo electrónico.

Tal como lo prometió, la señora Laura me llamó. Primero me informó con tristeza que estuve a punto de ganar la rifa, pero lamentablemente mi papelito se quedó pegado en los dedos del árbitro, quien al tratar de desdoblarlo volvió a dejarlo caer en la urna, y acabó tomando otro.

—Es una lástima —insistió—, pero hablé con mi gerente y me autorizó darle un fabuloso tres por ciento de descuento en la compra del auto nuevo, además, ¡no me lo va a creer!, le regalará las tuercas cromadas para el rin de refacción.

—Disculpe, señora Laura; no me interesa comprar ese auto —y luego agregué tres palabras que se convirtieron en una cadena para mí—: *Por el momento*.

A partir de entonces, la señora Laura me llama o escribe *e-mails* cada semana. Quiere saber si al fin llegó *el momento*. Su persistencia ha sido tanta que me ha hecho llegar a pensar que sí. Pero luego titubeo y comenzamos de nuevo. Ella sabe leer mis oscilaciones, así que no se da por vencida. En realidad, a la señora Laura no le interesa que yo estrene coche, lo único que quiere es cobrar una comisión. En nuestras múltiples charlas le he preguntado las cualidades del auto que quiere venderme y ella me ha dicho cosas como "tiene llantas redondas, lo que le ayuda a correr muy rápido; la pintura brillante no se deslava con la lluvia; y su radio sintoniza todas las estaciones, ¡incluso las de AM!".

—¿Ahora sí me lo va a comprar?

—Tal vez la próxima semana.

Cada mañana la señora Laura se levanta temprano, deja a sus hijos en la escuela y va a la oficina a hacer llamadas. Un día me confesó que algunos clientes la han insultado y le han colgado el teléfono (ese día yo estaba a punto de hacerlo), pero ella hace todo lo posible por ganarse el pan honestamente. Ése fue el mejor argumento de venta que ha tenido conmigo. Casi me hace firmarle un cheque.

La señora Laura necesita dinero...

Ahora que lo pienso, la frase anterior podría ser la conjugación compuesta más popular del planeta:

Yo necesito dinero.

Tú necesitas dinero.

Él necesita dinero.

Nosotros necesitamos dinero.

Ustedes necesitan dinero.

Ellos necesitan dinero.

No es ningún pecado.

Los seres humanos invertimos cincuenta horas o más a la semana haciendo algo en obediencia a ese anhelo.

El dinero está muy ligado a nuestro concepto de *felicidad* (en un libro como éste resultaría inadmisible omitir el tema). La sabiduría popular asegura entre bromas:

- *El dinero calma los nervios.*
- *Con dinero baila el perro.*
- *Un millonario es un súper-viviente.*
- *Todos somos insobornables, sobre todo cuando el dinero es poco.*
- *Lo importante es el dinero; la salud, va y viene.*
- *La verdadera felicidad está en las pequeñas cosas: una pequeña mansión, un pequeño yate, una pequeña fortuna.*

¡Las personas habitamos ciudades sobrepobladas, sucias, contaminadas, sin áreas verdes, sólo porque en ellas están las fuentes de riqueza! Para presumir nuestro estatus económico nos compramos autos con muchos caballos bajo el cofre (antaño cada jinete sólo necesitaba uno). Salimos en estampida por las mañanas atestando carreteras, vagones del metro, autobuses y banquetas, llenos de histeria y ansiedad por obedecer la programación que nos metieron en la mente desde niños: ***Conviértete en ALGUIEN para que logres ganar mucho dinero*** (pues quien no produce dinero es un ***don NADIE***).

La Tierra entera se mueve en ese tenor, desde sus estratos más humildes hasta los más altos.

El problema de los seres humanos (causante de tanta infelicidad) es que la riqueza NO llega a nosotros sólo porque

la deseemos. Existen ciertas LEYES que la mayoría no conocemos o no queremos aplicar. La BÁSICA es ésta:

> El dinero que queremos **lo tienen otras personas**. Para que llegue a nosotros sólo hay dos caminos: **EL PRIMERO**, arrebatarlo (engañando, haciendo fraudes, robando, chantajeando). **EL SEGUNDO**, convenciendo a los demás de que nos lo den (a cambio de trabajos o servicios de calidad que necesitan).

La ley es tan pragmática que estaría incompleta sin sus cotas de valor:

> Quienes ganen dinero mediante la **PRIMERA OPCIÓN** sembrarán para sí mismos y para sus seres queridos una semilla de castigo: la desgracia los perseguirá (a ellos y a sus allegados), perderán la dicha y el amor, generarán un gran vacío interior que tenderán a llenar con vicios. Hundidos en el excremento de su degradación, quizá morirán ricos pero desdichados y atormentados.
>
> Por otro lado, quienes ganen dinero mediante la **SEGUNDA OPCIÓN** podrán disfrutarlo y serán felices...

Sin necesidad de ser narcotraficantes, secuestradores o explotadores sexuales, muchas personas (¡demasiadas!) están enfocadas en ganar dinero mediante la primera opción: *ARREBATÁNDOLO*. A la mayoría le va mal porque vive peleando con garras y dientes por quitarle a otros lo que tienen, sin tomar en cuenta el aspecto humano de sus tratos.

Los negocios ganar-ganar han pasado de moda. A la gente le interesa quedarse con los bienes ajenos de manera artera, aunque sus semejantes se vayan a la quiebra.

Millones de personas viven en una lucha despiadada por enriquecerse y caminan ensuciando a sus vecinos, dejando desechos en sus familias, arrasando con todo vestigio de nobleza a su paso, como langostas, obesos por el exceso de comida y el sedentarismo; siempre amargados, envidiosos, chismosos, hablando mal de los que tienen más...

La LEY BÁSICA nos deja una opción clara para enriquecernos. LA SEGUNDA:

El método seguro para ganar mucho dinero y disfrutarlo es convencer a los demás que **nos paguen bien a cambio de nuestros productos o servicios DE CALIDAD, que ellos NECESITAN.**

El enfoque, entonces, de nuestra vida y esfuerzos debería apuntar hacia *cómo realizar productos y servicios de calidad que satisfagan las necesidades de los demás.*
Es bueno ganar dinero bien habido. ¡Mucho!, ¿por qué no?
Así que, como punto de partida, concentrémonos en *ayudar y servir a la gente mediante nuestro trabajo y productos de calidad.*

El concepto anterior abre un abanico tan amplio de posibilidades, que es la premisa sobre la que se sustentan MILES DE LIBROS SOBRE CÓMO HACERSE RICOS. No estaría mal leer algunos.

La señora Laura lo hizo.

Se dio cuenta de que yo no necesitaba su auto y ella no podía insistir en quitarme mi dinero.

Por un tiempo descansé de sus llamadas. Pero luego reiniciaron. Ya no me ponen de mal humor. Hasta somos amigos.

Ha dejado de vender coches. Ahora promueve unas cremas rejuvenecedoras del mar Muerto. Dice que si me pongo el tratamiento de manera meticulosa pronto pareceré un adolescente, ya no me rechinarán las rodillas, tocaré la punta de mis zapatos con las manos sin doblar las piernas y comenzaré a perseguir jovencitas como cuando iba en bachillerato.

Esta vez está a punto de lograr que le compre las cremas.

Sólo necesita insistir un poco más.

Tal vez la próxima semana.

10

ROMPAMOS LOS PARADIGMAS DE RIGIDEZ SOCIAL

¡Soltémonos el pelo y bailemos!

Estábamos en la fiesta de graduación organizada por los alumnos de la secundaria en la que alguna vez fui director. Me llamaron como "invitado especial". Se suponía que debía dar unas palabras felicitando a los adolescentes *¡por haber terminado sus primeros años de educación formal!*

Yo estaba de mal humor porque el concepto de la gran festividad me parecía absurdo. Los padres habían gastado una fortuna para celebrar el "gran logro" de unos niños a quienes ni siquiera les gustaba leer (pero sabían copiar y pegar los resúmenes de Internet), ni podían decir las tablas de multiplicar (pero hacían las operaciones matemáticas con su celular).

Para mi gusto, terminar la secundaria es sólo una circunstancia con la que te topas de frente si te mantienes circulando por la supercarretera de la vida. ¿Cuál es el mérito? ¿No haberte fugado para vivir en la calle? ¿No haberte suicidado?

Di mi discurso con mucha seriedad. A pesar de ser el "invitado especial" pocos alumnos me pusieron atención. Los grupitos de adolescentes no dejaban de bromear y juguetear. Eso me enojó aún más.

Después, tomé asiento en la "mesa de honor" con mi esposa e hija y traté de comer una sopa que sabía a engrudo, y un lomo de res que tenía gusto a caucho. Todo eso, en medio de la estruendosa música que nos impedía comunicarnos. Me acerqué a María y le grité al oído.

—¡Ya vámonos!

—¡Espera un rato!

—¿Qué dices? No te oigo.

—Se ve mal si nos vamos después de cenar.

—¿Cenar? ¿Van a servir de cenar? ¿A qué hora?

—Muy gracioso.

El conjunto musical aumentó el volumen y anunció la apertura de la pista para bailar. Mi hija saltó al centro acompañada de otras entusiastas. Apreté los labios. ¿Por qué se me ocurrió traer a la Princesa con nosotros? Claro que ella nos lo pidió. Le encantan las fiestas y tenía interés en reencontrar viejas amigas. Pero yo no deseaba estar ahí. *Mi paciencia se había agotado.*

María se acercó a mi cabeza y gritó a todo pulmón:

—Qué cara tan fea tienes hoy. ¿Quieres bailar para que te sacudas el mal humor?

—¡Por supuesto que no! ¡Los *INVITADOS ESPECIALES* dicen sus discursos y se van! *¡Ya vámonos!*

—Imposible. Ve a la Princesa. Le encanta bailar. Tienes que darle al menos una hora para que conviva con sus viejos amigos.

—¡No te escucho, pero yo ya me quiero ir!

—Relájate. Voy a pedir un café.

Sumí la cabeza en mis hombros y crucé los brazos. Entonces ocurrió lo impensable. Al principio creí que era una broma, pero después me di cuenta de que estaba sucediendo en verdad. La cantante del grupo había dicho mi nombre y me invitaba a la pista; varios aplaudían para hacerme pasar. Desde el centro, los estudiantes sacudían las manos de forma rítmica atrayéndome hacia ellos.

Mi hija se aproximó, moviendo los hombros y sonriendo. Llegó hasta mí y me tomó de la mano. Le dije que no.

—No, por favor. No tengo ganas. Déjame.

—Baila conmigo, papá.

—Estoy incómodo. Después.

—Ven, baila. Suéltate el pelo. Descruza los brazos.

—Amor, no me hagas quedar en ridículo.

—Papá, tú no me hagas quedar en ridículo a mí. Todos nos están mirando. Ven a bailar.

—Al rato.

—¡Brinca un poco!

—No, niña. ¡Compórtate! Deja de moverte así. Espérame. Voy al baño.

María salió en rescate de los dos. Tomó la mano de la Princesa y avanzó con ella, bailando, hasta la pista. Yo me puse de pie y salí del recinto.

Mi mente analítica no sabía el porqué de mi mal humor *extremo*.

Quise razonar algunos términos técnicos:

El prestigio social se propugna sobre ciertos paradigmas rígidos. Desde épocas ancestrales, los reyes y los nobles debían seguir el protocolo de su linaje. Hoy, aún es correcto guardar compostura y respetar nuestro nombramiento de honor (si lo tenemos), pero NO perdiendo el piso, *cruzándonos de brazos, elevando el mentón, mirando de arriba abajo y arrugando la nariz como para indicar que alguien huele mal,* tal cual lo hacen las divas (algunos políticos, artistas, religiosos, o jefazos) que se creen superiores a los demás.

¿Eso estaba haciendo yo?

Había una pequeña salita con sillones junto a los baños del exterior. El sitio retumbaba por el eco sordo de la estridencia contigua, pero dentro del contexto era bastante apacible.

A los pocos minutos llegó una pareja y su hijo adolescente. Me puse de pie para saludarlos.

—¿Ya se van? —les pregunté.

—Por supuesto. Qué molesta es la música de baile, ¿verdad?

Me di cuenta de que habían estado observándome. ¿Y quién no?

—Más o menos —contesté con parquedad.

Mi problema era una cuestión de paradigmas rígidos, no de gustos musicales, pero prefería evitar la charla al respecto.

—A nosotros nos han enseñado que el baile no le agrada a Dios. Mover caderas y cuerpo al ritmo de la música mundana se presta para dar mensajes lujuriosos. Usted promueve valores. Sabíamos que no aceptaría bailar... pero, con todo respeto, ¿qué le sucede a su hija?

Sacudí la cabeza.

—¿Perdón?

—¿Es una chica rebelde?

—No precisamente...

—Pues lo parece...

Estos sujetos tenían otro tipo de paradigmas rígidos en la mente. No relacionados a su estatus social sino a su religión.

—¿Cuál es su credo? —pregunté.

—Somos *Los temerosos de Dios*. Le honramos en todo lo que hacemos. ¿Usted no?

—Claro.

Suspiré. Eran **declaraciones sanas**, pero algo en ellas me incomodaba. ¿La *forma de decirlas*? ¿El *tono de condenación*? Hace tiempo escuché a un amigo que se volvió miembro de cierto grupo radical comentar: "El maligno se está apoderando de los niños y los jóvenes a través de caricaturas; todo lo que no es de Dios es del diablo". Mi amigo quemaba los juguetes de sus hijos y los discos de Luis Miguel, Shakira o Laura Pausini. Decía que si hacías sonar las canciones de ellos (y muchos otros) al revés, se oían mensajes de ultratumba.

Llegó mi hija, sudando.

—¿Qué pasó, papá? ¿Vas a bailar conmigo?

—Disculpen —me despedí de los señores—. Tengo una hija que educar.

Ellos asintieron con gravedad.

Me dejé arrastrar por mi pequeña hasta la pista. En el camino pensaba.

Soy consciente de los peligros. Sé que vivimos en medio de una guerra espiritual, pero si analizamos la vida y el mensaje de Jesucristo, descubriremos que le desagradaban los paradigmáticos. Decía: "No juzgues para que no seas juzgado", "ama a tu prójimo como a ti mismo", "no te preocupes por el mañana (sé feliz hoy), deja que cada día tenga su propio afán". El primer milagro de Jesús fue en una boda. **Él aún no era famoso**. No había mostrado su poder públicamente. Nadie sabía de lo que era capaz. Pero los anfitriones de la boda entendían una cosa: JESÚS ERA ALEGRE; ERA AMIGABLE; RESULTABA AGRADABLE CONVIVIR CON ÉL. Al hacer la lista de invitados seguramente dijeron: *Queremos que nos acompañe porque es feliz y nos contagia de su felicidad...*

Es cierto que algunas formas de bailar emulan actos sexuales, y que las personas **obscenas** pueden convertir el baile en una **obscenidad**. Pero lo mismo pueden hacerle **al canto, a la poesía, a la pintura, al cine**... LA SUCIEDAD NO ESTÁ EN EL ARTE SINO EN LA GENTE.

Quien tiene un corazón limpio baila, canta y hace arte con limpieza. Lo inmundo proviene del interior de las personas sucias.

Por otro lado, también es verdad que hay una invasión masiva de **temas sangrientos, eróticos y de magia negra**, sin embargo, la gente que tiene luz en su alma, **detecta los elementos nocivos y *los evita***: se sale de las fiestas o de las películas sucias y quita la música ofensiva. Otra vez, la clave está en el discernimiento interior de cada persona. No podemos satanizar a la generalidad sólo porque es diferente a nosotros.

Mientras mi hija me arrastraba hasta el centro de la pista y los alumnos alrededor hacían valla aplaudiendo al compás de la música, me dije:

A ver, amigo, suéltate el pelo. No seas tan apretado. No trates de mantener la pose. Descruza los brazos, desfrunce las cejas, mueve los hombros y respira. La vida es corta. Esta fiesta no volverá. Sé feliz. Baila con tu hija. Y si no tienes ritmo, pídele disculpas cuando le des uno que otro pisotón.

Has argumentado que los intelectuales tienen poco ritmo y por eso no bailan. Pero cuando te vas a la esquina del salón mascullando tu disgusto no pareces un intelectual sino un cretino.

El baile es bueno: estimula los sentidos, eleva la creatividad, mejora la autoestima, nos da soltura, nos permite socializar, mejora nuestra coordinación, flexibilidad, condición física y reflejos; hasta nos ayuda a tener una mejor postura corporal.

¿Cómo vas a saber moverte si te la pasas aplastado en la silla reposando los jamones? Se aprende a bailar bailando. ¿No lo haces porque te sientes cansado? Claro: te falta condición física. Considera el baile como un ejercicio. Y relájate... Si te toman una foto, que sea sonriendo. Es mejor que digan "mira cómo nuestro invitado se divirtió en la fiesta" y no que digan "mira cómo vino a regañar a los demás por estar contentos".

Desde entonces me hice este propósito:

Si vas a una fiesta, disfruta.

Para ser felices rompamos los paradigmas de rigidez social.

O mejor dicho: soltémonos el pelo, descrucemos los brazos y bailemos.

11

APRENDAMOS A ESTAR CONTENTOS SIN ALCOHOL

¡Di no a la droga, es poca y somos muchos!

Ésta es la breve historia de cómo tuvimos que cambiar a nuestra hija de colegio cuando estudiaba el bachillerato.

Todo comenzó en una conferencia convocada por la rectoría, dirigida a los padres de familia.

María y yo nos encontrábamos en primera fila, expectantes a escuchar la charla Prevención de riesgos en la vida social del adolescente.

La psicóloga del COLEGIO DAIQUIRÍ pasó al frente del auditorio y se presentó:

—Gracias por venir. Ustedes son padres de familia de jóvenes entre doce y dieciocho años de edad. Hemos recibido muchos comentarios de preocupación por el creciente consumo de alcohol y droga entre muchachos de secundaria y bachillerato. Prácticamente las fiestas de cada viernes o sábado que organizan los chicos acaban en borrachera. Incluso nos hemos enterado de varios accidentes automovilísticos graves, así como de embarazos prematuros y peleas provocadas por el excesivo consumo de alcohol. Eso sin tomar en cuenta que en algunas fiestas de fin de semana se están poniendo de moda ciertas drogas como el éxtasis.

Incliné mi cuerpo hacia delante. La psicóloga había empezado su charla de manera contundente y directa. Eso me agradó. Empuñé mi bolígrafo para tomar notas. ¡Al fin el COLEGIO DAIQUIRÍ, que siempre se había mostrado negligente respecto al libertinaje de sus alumnos, designó a una experta para ayudarnos a proteger a los jóvenes!

—Voy a darles una lista de sugerencias. Juntos, en equipo, padres y maestros, haremos un solo frente y evitaremos así los problemas que hemos mencionado.

"Bravo. Vas muy bien. Eso es lo que necesitamos".

Encendió el reflector y proyectó una presentación de computadora.

Comenzó a leer sus recomendaciones:

Antes de que los muchachos vayan a la fiesta o antro, denles de comer algo fuerte.

Explicó:

—La comida en el estómago hará un "piso" para recibir el alcohol y evitar que se asimile muy rápido. Si pueden, den a los jóvenes de comer caldos grasosos como pozole, menudo, birria, pata de cerdo en salsa, ajiaco, mondongo o gordas de chicharrón prensado. Eso preparará sus paredes estomacales para recibir grandes cantidades de alcohol.

Mi esposa y yo nos volteamos a ver, asombrados. ¿Habíamos oído bien? *(¡A nuestros hijos no les gustaban ninguno de los platillos recomendados!).*

La "experta" continuó.

Antes de que los muchachos vayan a la fiesta, revisen que lleven condones.

Agregó:

—Hombres y mujeres deben estar preparados por si después de tomar mucho alcohol pierden el control de sus impulsos y llegan a tener relaciones sexuales. Condones a la mano pueden evitar problemas mayores.

Dejé caer la pluma sobre la mesa y me crucé de brazos. Esa mujer está loca *(¡los condones le quitan sensibilidad y emoción a la travesura!)*. Mi mente comenzó a jugar, ironizando.

Siguió leyendo su lista de recomendaciones.

Ya no me molesté en escribir.

> *Si sus chicos toman droga, díganles que se aseguren que sea de buena calidad. La droga pirata puede hacer daño.*

(Claro, la droga "original" es más saludable; además, ¿para qué tomar y manejar cuando puedes inyectarte y volar?).

Continuó leyendo las sugerencias:

> *Explíquenles a sus hijos que no deben tomarse las botellas de un solo sorbo. Eso puede causarles una congestión peligrosa.*

(Todo con medida; acábense la garrafa a traguitos; además, es bueno dejar la botella, lo malo es no acordarse dónde).

La siguiente recomendación me causó curiosidad; jamás había oído algo así:

> *Háganles a sus hijos una placa de identificación con su nombre, dirección y teléfono. Cuélguenselas al cuello, por si se pierden estando borrachos; así alguien podrá regresarlos a su casa.*

(La placa del perro puede servir, pero asegúrense de que el muchacho la use del lado correcto, para que si alguien lo encuentra no piense que se llama Firuláis; además, la

identificación es importante porque más vale un borracho conocido que un alcohólico anónimo).

Ya entrados en extravagancias, no me pareció rara la siguiente sugerencia:

> Pongan una llave en la maceta de la puerta de sus casas por si el joven alcoholizado pierde las llaves y necesita entrar en la madrugada.

(Eso sí, asegúrense de explicarle en qué maceta escarbar y a qué casa entrar, no sea que acabe durmiendo con la vecina a la que también le dejaron la llave en la maceta).

El remate fue genial. No dejó cabos sueltos:

> Antes de que sus hijos se vayan a la fiesta denles una maletita en la que haya:
> 1. Medicamentos de primeros auxilios por si se pelean y salen lastimados.
> 2. Doble ropa interior por si se quitan la que traen puesta en un baile acalorado.
> 3. Un poquito de cocaína para que se corten la borrachera por si de plano no pueden levantarse del piso.

(Por supuesto, procuren que la maleta tenga rueditas, pues si los jóvenes cargan cosas pesadas se pueden lastimar la espalda).

No piense mi querido lector que estoy exagerando. De verdad la psicóloga del Colegio Daiquirí dio recomendaciones similares.

—Por último —aclaró la mujer—, dejando bien claro los altos estándares de moral y ética del colegio, deben advertir a sus hijos que es incorrecto filmar a los compañeros con el celular mientras vomitan o hacen algún desfiguro, para subir después el video a Internet. ¡Eso sí será castigado por la coordinación escolar!

Mi esposa levantó la mano minutos antes de que la charla terminara.

—Todas las recomendaciones me parecen ingeniosas y no carentes de cierta utilidad, pero, ¿a alguno se le ha ocurrido aconsejarle a sus hijos que *simplemente no les conviene tomar*?

Hubo murmullos de molestia. La psicóloga abrió tanto los ojos que estuvieron a punto de saltárseles como canicas.

—No podemos tener a los jóvenes aislados en una burbuja —dijo una madre—. Necesitan conocer el mundo.

—No existen las fiestas sin alcohol —opinó alguien más.

—Es parte de nuestra cultura. Para estar alegres, todos necesitamos un poco de alcohol...

Mi esposa volvió a rebatir. Le puse discretamente una mano en la pierna para que se callara. Ella me ignoró. Habló con mucha fuerza:

—*A mi manera de ver,* **no se necesita estar borracho para bailar, cantar, disfrutar una charla con amigos y ser feliz...** *La alegría que produce el alcohol es simulada, artificial, ficticia.* **El alcohol daña el cerebro y causa adicción.** *Yo conozco, y seguramente ustedes también, a varias FAMILIAS GRAVEMENTE DETERIORADAS PORQUE HAY UN ALCOHÓLICO ENTRE SUS MIEMBROS. El alcoholismo es una* **enfermedad** *que* **no respeta edades ni clases sociales,** *va de menos a más y no se detiene hasta matar a su víctima, pero en el proceso, mata también el alma y la alegría de todos los que conviven con el enfermo. El alcoholismo es un problema de salud pública. La mayoría de los asaltos, asesinatos, palizas a niños, maltratos a mujeres, accidentes automovilísticos, pleitos callejeros, divorcios y ruinas económicas tienen un factor común: la presencia de* *alcohol.* **¡Es mentira que para estar contentos se necesite drogarse!** *Y el alcohol es una droga; legal, pero droga al fin.* **ENSEÑEMOS A LOS JÓVENES A NO TOMAR ALCOHOL NI DROGARSE.** *Y nosotros, como adultos, demos el ejemplo. ¡Lo repito!:* **PODEMOS ESTAR CONTENTOS SIN NECESIDAD DE ESTAR BORRACHOS...**

Cuando María terminó de hablar, sucedió lo que tanto temía. Varias parejas, enardecidas, se habían puesto de pie, dispuestas a contraatacar. Otras, susurraban entre sí.

Al fin un hombre calvo se levantó para apoyar la postura de María:

—¡Yo también creo lo mismo! Los adultos hemos inducido a los muchachos a beber alcohol. Desde niños les fomentamos el aprender sobre vinos y licores. Si alguien "no sabe tomar", lo criticamos. Decimos que el conocimiento del alcohol es cultura... y por supuesto, promovemos esa supuesta cultura, sin entender que el alcohol es un estimulante del sistema nervioso central.

—No —dijo María—, en realidad es un depresor, por eso las combinaciones potencian el daño, y las bebidas energizantes reducen momentáneamente sus efectos, pero después causan **cruces o cortos circuitos en las neuronas**.

Entonces reiteró (¡por tercera vez!) la idea que palpitaba en su cabeza.

> **LA ALEGRÍA REAL PROVIENE DEL CORAZÓN FELIZ, NO DE UNA SUSTANCIA *EXTERNA*. ENSEÑEMOS A LOS DEMÁS QUE PODEMOS REÍR, GOZAR Y ESTAR CONTENTOS SIN NECESIDAD DE ESTAR BORRACHOS. *SÍ SE PUEDE. SE LOS JURO QUE SÍ*...**

El hombre calvo volvió a tomar asiento. No consideró pertinente seguir apoyando a una mujer tan excesiva.

—Esto es un desvarío del mensaje que deseábamos dar —expresó la psicóloga—. Sólo estamos aquí para dar ideas prácticas, no para *moralizar*.

—¡Mojigata! —se escuchó una voz agrediendo a mi esposa; le siguieron más.

—¡Catequista!

—¡Infantil!

—¡Paranoica!

—¡Chocarrera!

—¡Supercalifrástica!

—Cálmense —dijo la psicóloga—, seamos tolerantes con las personas "diferentes". La señora debe tener algún *problema personal*.

Tomé a María del brazo y me levanté con ella para ir hacia la salida.

—Sí —dije protegiéndola, lleno de una furia contenida—. Es verdad. Mejor nos retiramos. Mi esposa tiene un grave problema: ***viene demasiado sobria***.

Salimos del lugar antes de que la junta se acabara.

Para evitar ser señalados como una familia insurrecta, contraria a los altos valores morales de la Institución, al día siguiente decidimos dar de baja a nuestra hija: la inscribimos en un nuevo colegio. Pero resultó igual. La misma psicóloga trabajaba de asesora ahí también.

12

PARALICEMOS EL MUNDO E INSPIRÉMONOS

¡Usemos la pistola superpoderosa!

Durante años, en mi familia hemos tenido la misma área de trabajo. Compartimos impresora, escáner, libros, lápices, equipo de sonido (nos turnamos al escuchar *rock*, ópera o *pop*), y hasta cerebros. Para mis hijos es normal gritar: "Papá, ¿puedes venir?, ayúdame a editar este video". O "hermana, ¿cómo resuelvo esta ecuación?". O "Mamá, ¿revisas la ortografía de mi ensayo?, ¡tengo que mandarlo en cinco minutos!".

Nuestro sitio de estudio es un jolgorio. Si uno sonríe frente a su monitor, los demás se levantan para ver el chiste. Si otro dice que le duele la espalda, alguien interrumpe su trabajo para darle un masaje. Cada vez que la Princesa necesita estirarse, eleva el volumen de la música y saca a bailar en el pasillo al primer desprevenido. Todos trabajamos a intermitencias. A cada rato detenemos lo que estamos haciendo y nos inmiscuimos en lo que sucede alrededor.

*Por si fuera poco, María se inscribió de nuevo como estudiante a la Universidad para cursar una carrera **sólo por gusto**, y sufre con los procesos tecnológicos. Así que también solicita ayuda de la comunidad mientras estudia.*

Como es de esperarse, los resultados de tal caos no son los mejores. Con frecuencia incumplimos fechas de entrega o revolvemos trabajos finales.

En un **seminario sobre intimidad matrimonial,** *cuando pedí que proyectaran mi presentación, aparecieron en la pantalla* **los métodos para embalsamar momias egipcias,** *mientras que, al mismo tiempo, mi hija mostraba en su clase de Historia las diez* **recomendaciones para alcanzar el orgasmo conjunto.**

Las cosas iban de mal en peor en la familia, hasta que vimos una película de ficción que cambió nuestra forma de pensar y trabajar:

El personaje principal del filme, gracias a una extraña pistola superpoderosa **PODÍA PONER EN PAUSA A TODOS ALREDEDOR.** La gente se quedaba como estatua **en su misma posición** y nada sucedía mientras el sujeto con el poder de pausar el planeta se seguía moviendo: **entonces pintaba cuadros hermosos y hacía otras cosas (no tan dignas), de las que nadie se enteraba,** hasta que a él se le antojaba activar el supergatillo y devolver el movimiento a todos. En ese momento las mujeres se daban cuenta de que tenían sus blusas mal abotonadas y a los villanos les dolían los testículos como si alguien los acabara de patear. Pero lo más interesante era que habían aparecido sobre las paredes hermosos cuadros recién pintados.

La película era mala; jamás la recordaría si no fuera por la frase que el protagonista mencionó al final:

Lograr **TIEMPOS DE INSPIRACIÓN** es una de las grandes metas de todo ser humano. Y yo sólo me inspiro **CUANDO PARALIZO AL MUNDO** *con mi superpistola.*

Me llevé ambas manos a la cabeza y dije "Dios mío, ¿qué acabo de escuchar?".

Vamos por partes: sin duda los momentos de inspiración en la vida nos dan un efecto de plenitud y realización que ninguna otra cosa nos puede dar. Además, gracias a ellos prosperamos económicamente. ¡Cuando estamos **inspirados** avanzamos en el trabajo a toda velocidad, somos eficientes, creamos ideas y resultados extraordinarios!

La inspiración es el clímax, la gran cúspide, el mayor galardón de un día.

UNA MADRE QUE RECIÉN HA DADO A LUZ tiene un momento de inspiración cuando carga por primera **vez al bebé que acaba de nacer.** UN BUSCADOR ESPIRITUAL lo logra cuando se queda en éxtasis percibiendo la presencia de Dios en su oración. UN ALPINISTA lo experimenta al dar bocanadas de aire con los brazos abiertos en la cima de la montaña *que acaba de escalar*.

Para llegar al momento de inspiración hay que concentrarse: paralizar al mundo alrededor y dedicarse arduamente.

Antes del instante sublime, la madre sufre los dolores de parto, el asceta pasa horas de rodillas, el alpinista camina kilómetros cuesta arriba. Todos pagan un precio y obtienen el máximo premio.

Mientras más momentos de inspiración propiciemos (con esfuerzo y concentración) seremos personas más destacadas y felices.

Esa noche, hice una junta con mi familia.

—Quiero decirles algo que aprendí con la película que vimos hoy.

Mis hijos me miraron con curiosidad.

—¿Aprendiste algo de *esa película*?

—Sí, aprendí que todos tenemos una superpistola que paraliza al mundo. A partir de ahora, debemos usarla para concentrarnos en buscar inspiración **SOLOS.**

—Papá —comentó la Princesa—, estamos perdiendo el tiempo. *Tú y yo* tenemos mucha tarea. No hemos acabado la presentación de Química.

—Eso es lo que trato de explicar. Ya no participaremos en lo que los demás hacen. Cuando uno se queje frente a su computadora, nadie se levantará para consolarlo. Quitaremos la música general. **Ya no habrá más bailes en los pasillos ni botanas compartidas**. Al menos una vez al día todos **buscaremos la inspiración**. Tú la buscarás haciendo tu tarea de Química hoy.

—Papi, ¿te sucede algo? —preguntó la Princesa, preocupada—. ¿Estás enfermo?

—La familia es nuestra prioridad —protestó María—. Podemos interrumpir cualquier trabajo para echarle la mano al que lo necesita. ¡Siempre ha sido así y siempre lo será!

—A ver —respondí—. Es cierto, ¡podemos interrumpir cualquier trabajo **pero no en *cualquier momento***! Imaginen que a un cirujano le llama su hija por teléfono justo mientras él está practicando una operación; no podrá contestar *en ese instante*. Cuando estamos inspirados, la labor de cada uno es tan importante como la de un cirujano.

—Estoy de acuerdo —dijo el Capitán poniéndose de mi lado—. Yo también quisiera privacidad. ¡Esta casa es un manicomio!

Entonces escribimos juntos una nueva regla y la pegamos en la pared.

Toda persona que trabaja aquí tiene el derecho de **paralizar al mundo exterior para concentrarse**: cerrará la puerta de su cubículo o se colocará audífonos (eso indicará que desea privacidad), pondrá su celular APAGADO sobre la mesa, desactivará de **su computadora** (y no podrá estar viendo) chats, videos, páginas de entretenimiento o redes sociales.

> Cuando la persona entre a UN TIEMPO DE INSPIRACIÓN, si alguien le habla, *levantará la mano para indicar que por el momento no puede contestar preguntas ni distraerse*.

Nuestro trabajo *es importante*. **Lo que podemos crear INSPIRADOS le da sentido a la existencia. Si queremos** *ser felices, enfrentemos retos grandes y enfoquémonos en ellos*.

La mejor aplicación del concepto ocurrió varios meses después.

Capitán llegó de la escuela furioso.

—¡Me eliminaron para competir en el concurso de ORATO-RIA! No presenté a tiempo los discursos que pidieron. ¡Estoy fuera!

—¿Cómo? —preguntó mi esposa—. Tú has sido campeón varios años; voy a llamar a la escuela. ¡Pediré que te den otra oportunidad!

María tomó el teléfono y marcó. Capitán le suplicó que no lo hiciera, pero ella lo ignoró. Habló con la maestra de oratoria, con el coordinador y por último con el director. Al fin, logró su objetivo.

—¡Listo! —le dijo al niño—, estás inscrito. Debes saber de memoria un discurso largo y estar preparado para presentarlo en público *mañana*.

—¡Mamá! ¿Qué hiciste? Es una locura. Jamás voy a lograrlo.

—Espera —le dije—. Tú eres un emprendedor y *sabes inspirarte*. PARALIZA AL MUNDO. Enciérrate, escribe el discurso, memorízalo y practícalo. Volverás a ganar.

—¡No quiero! ¡Es muy difícil!

—Hace poco redactamos nuestras declaraciones de visión.

Saqué mi celular y busqué el documento para leérselo a mi hijo.

—¡Papá!

—Siéntate, por favor. Escucha. Tú estuviste de acuerdo en cada frase.

—¡Esto es diferente! Es la vida real. No tiene nada que ver con esa aburrida dinámica de "escribir valores".

—Te equivocas —encontré el documento—. Lo que escribimos es un mapa de rutas. Éstas son *las tuyas* —comencé a leer.

Soy progresista y emprendedor. **Nunca voy hacia atrás**; me enfoco en aprender algo nuevo cada día. En mí no aplica lo de "genio y figura hasta la sepultura", porque **mejoro todo el tiempo**; los errores que cometí ayer, ya no los repito; las reacciones que me caracterizaban, las he corregido; los hábitos que me distinguían son más buenos ahora. **Soy una nueva criatura a diario**. Soy osado para emprender aventuras intrépidas, y valiente para tomar decisiones que impliquen riesgos medidos. Soy animoso, entusiasta y apasionado. **No pospongo el trabajo. Lo enfrento con alegría. SÉ PARALIZAR EL MUNDO E INSPIRARME** para lograr resultados *excelentes en poco tiempo*.

—¡Me están presionando! —dijo Capitán—. Los jueces del concurso son muy duros y mis compañeros quieren verme caer. No voy a arriesgarme.

—Tú puedes —dijo María.

—Este año *no*. Déjenme en paz.

Así terminó la discusión.

Sin embargo, el caso no se había cerrado.

Los seres humanos llevamos un microchip integrado en la conciencia que nos dice: "FUISTE CREADO PARA ENFRENTAR RETOS. Sólo te sentirás realizado, pleno y feliz, SI ENCUENTRAS LA INSPIRACIÓN trabajando arduamente por metas altas. (Y sobre todo, si mientras trabajas te mantienes alegre)".

El Capitán percibió las señales eléctricas de su microchip.

A los pocos minutos se había puesto unos audífonos, apagó el celular, desactivó chats, redes sociales y otras páginas distractoras. Se concentró en escribir su discurso. Lo transcribió y comenzó a memorizarlo. Luego se encerró en su cuarto y colgó en el picaporte un letrero que dibujó el mismo con una pistola futurista y una nota que decía: ***Mundo paralizado. Emprendedor inspirado***.

Todos supimos que ganaría el concurso.

13

MANTENGÁMONOS EN FORMA FÍSICA Y MENTAL

Usemos los tenis para correr

Había trabajado toda la mañana en Quito, Ecuador. Llegué agotado al hotel, me quité el traje formal y me puse ROPA DEPORTIVA: *pants, tenis, gorra, lentes*. Haría lo que más me gustaba hacer en las tardes libres después de jornadas agotadoras: *ir al bufet, comer como troglodita, caminar por las tiendas, comprar recuerditos y dormir una buena siesta*. La ropa de atleta era sólo un atuendo que me había quedado por costumbre usar desde mis buenas épocas. Ahora trabajaba demasiado. No tenía tiempo para hacer ejercicio.

Después del bufet, cargando cinco kilos extra de comida en proceso de digestión, salí al *lobby* del hotel. El conserje se acercó a mí.

—Usted es deportista, ¿verdad?

—Mmmh, sss... ¿por qué lo pregunta?

—¡Hoy tenemos la visita de un famoso entrenador de *fitness*. Mire el afiche. ¡Su charla se está llevando a cabo en este preciso momento!

Había un cartelón pegado en la pared con la fotografía de un hombre musculoso; tenía las manos en la cintura y sonreía como diciendo "vengan a mí todos los debiluchos enclenques, que yo los haré sufrir".

—No, gracias.

—Sígame —dijo el conserje sonriendo con desenvoltura—, el salón de conferencias está por aquí. ¡Le va a encantar! ¡La charla es para personas como usted!

—Este… no sé.

—¡Venga!

Fui tras él. Quizá el exceso de comida había aletargado mis recursos defensivos. Cuando menos lo imaginé me hallaba sentado hasta atrás del pequeño auditorio. Un hombre más o menos de mi edad, oblongo y fortachón, hacía preguntas frente a treinta o cuarenta personas.

—¿Quién de ustedes *estuvo* en buena forma física alguna vez, pero ahora se encuentra en pésimas condiciones?

Varios levantaron la mano. Mi conciencia me dijo: "Vamos, Carlitos, levanta la mano tú también". Fruncí el ceño y me crucé de brazos.

—¿Quién de ustedes ha hecho dietas sólo para interrumpirlas y comer más que antes?

Otras manos levantadas. Apreté los dientes. ¿El conserje me había visto en el bufet?

—¿Quién de ustedes ha perdido agilidad, elasticidad, se ha vuelto cada vez más lento, desidioso y desorganizado?

El tipo se había pasado de la raya. Me estaba agrediendo de manera directa.

Miré alrededor. La puerta se hallaba cerca y el conserje se había ido. Podría escabullirme sin llamar la atención. Estaba a punto de hacerlo cuando el entrenador cambió el tono de su voz; bajó la mirada y se quitó la máscara para contarnos una anécdota muy personal.

Soy ingeniero y tengo una empresa. Me dediqué tanto al trabajo que subí veinte kilos y me volví sedentario… Pero a mi hijo adolescente le encantaba el ejercicio. Un sábado me invitó a caminar por el bosque. Nos pusimos las maletas de expedición a la espalda y comenzamos a andar. A los quince minutos yo ya iba jadeando. Él tenía que esperarme. Percibí que mi hijo se avergonzaba de mí. De nada me servía tener dinero y ser profesionista. En determinadas circunstancias la buena forma física importa más que el resto de nuestros méritos. Una hora después, me dolían las piernas y las rodillas. Le pedí a mi hijo que regresáramos y él se enfadó. Insinuó que yo era un gordo debilucho. Me dejó atrás. Se iba por grandes distancias y luego me esperaba, bostezando. En uno de sus adelantamientos lo oí gritar a lo lejos. Me asusté. Corrí. El cerro se desgajó y mi hijo había caído por una pendiente rocosa. Cuando lo vi desde arriba me asusté. Su pierna derecha se había doblado de una forma imposible. Estaba rota. Quise bajar el desfiladero; perdí el equilibrio y caí dando tumbos hasta él. No pude controlar el peso de mi cuerpo y golpeé a mi hijo que se había detenido en la ladera, entonces lo hice rodar conmigo más abajo. Sus gritos fueron horribles. Al fin nos detuvimos al fondo de la cañada. Él estaba pálido. Necesitaba ayuda médica urgente. Yo no podía cargarlo. Le pedí que me esperara y comencé a escalar. Cuando llegué arriba, sentí que el corazón estaba a punto de estallarme. Me caí. Tosí. Vomité. Seguí corriendo. Volví a caerme. No logré moverme más. Estaba asfixiándome. Cuando me encontraron, mi hijo ya había recibido ayuda por otro lado.

El entrenador detuvo su relato y se bajó del estrado sin soltar el micrófono inalámbrico; caminó despacio entre la audiencia. Llegó hasta mí.

—¿A qué te dedicas? —me preguntó.

—Soy escritor.

—¿Y tú? —dijo al hombre sentado frente a mí.

—Contador.

—¿Y tú?

—Empresario.

—¿Lo ven? Puros intelectuales. *Como yo*. Siempre me jacté de ser un hombre exitoso y culto, pero ¿de qué servía todo eso si no podía ayudar a alguien de mi familia en los momentos de emergencia? —regresó al estrado—. Espero que me entiendan y reaccionen. El gerente del hotel me dijo que sus huéspedes son casi todos ejecutivos. Pero ni el gerente ni yo los hemos visto desnudos (ni queremos verlos). Sólo ustedes saben lo que esconden bajo su ropa. Lo cierto es que aunque muchos lideren y den consejos a otros, ¿cómo quieren que los demás les crean si son incapaces de cuidar sus propios cuerpos? Hoy en la noche mírense desnudos. No inflen el pecho ni compriman el estómago. Obsérvense tal cual son. Con la flacidez y debilidad que han propiciado durante años. Entonces pregúntense: ¿Cómo se han permitido llegar a este punto?

Detuvo la elocución y se dirigió a una mujer que tenía la pierna vendada.

—¿Qué le pasó, señora?

—Me fisuré el tobillo bajando la escalera…

—¿Antes de caerse solía hacer ejercicio?

—No.

—¿Y ahora? ¿Al menos ejercita sus brazos y abdomen?

—Claro que *no*…

—Con todo respeto, hay gente en silla de ruedas con una condición física admirable y que incluso gana medallas olímpicas. Hay personas con daños intrínsecos que hacen ejercicio a diario para rehabilitarse. Su venda, señora, es una buena excusa para seguir siendo sedentaria, pero entiéndalo: es una excusa. ¿Y los demás? Tal vez dicen que están muy viejos o muy jóvenes para esforzarse. No me vengan con cuentos. *Tan-*

to los niños de cinco años como los adultos de noventa deben ejercitarse y comer bien para ser sanos. Tal vez dicen que su agenda está llenísima. ¿Tienen demasiados quehaceres? ¿No pueden inscribirse a un buen gimnasio? ¡Pobres de ustedes! ¡Que traigan violines y pañuelos! ¿Recuerdan el viejo cuento del águila que nació en un gallinero y al crecer se comportaba como gallina y se creía gallina? ¡Eso es lo que les ha pasado! Teniendo la capacidad de volar y alcanzar alturas insospechadas, se han conformado con vivir como gallinas, dentro de malas rutinas. (¿Exceso de trabajo frente a la computadora? ¿Cigarro? ¿Comida Chatarra?). Algunos de ustedes traen tenis. *Úsenlos para correr, no para ver los deportes en televisión.*

Volvió a bajarse del estrado y caminó hasta el hombre sentado frente a mí.

—¿Qué piensas, contador?

El aludido optó por buscar la cuadratura rápida del balance general:

—Que tienes **mucha** razón —su voz sonó intimidada—. **Mucha**.

—¿Y tú? —me preguntó—. **Escritor**, ¿verdad? ¿Qué piensas?

Yo me sentía entre inspirado y lastimado así que respondí beligerante:

—Que es cierto: somos responsables de nuestro cuerpo. Pero eso también incluye **el cerebro**. Y el cerebro se ejercita *leyendo*. ¡Leyendo libros! La gente ya no lee. Olvidan que LEER es una práctica *insustituible*. **LEER eleva, como ninguna otra cosa, nuestros niveles de creatividad, imaginación, memoria, facilidad de palabra, capacidad de análisis y síntesi**s. ¡Está bien promover el ejercicio físico, pero si eres profesionista deberías promover también la lectura; *el ejercicio mental*!

¿DE QUÉ NOS SIRVE TENER MÚSCULOS DESARROLLADOS CON UN CEREBRO ATROFIADO?

—¡Vaya! —confesó—. Nadie me había rebatido así. Sin embargo, estoy de tu lado. ¡Somos responsables de cuidar el **vehículo** que se nos ha proporcionado para este **viaje de la vida**, y eso *incluye tanto el ejercicio físico como el mental*! Pero a la gente no le gusta ejercitarse... ¿Por qué?

—¿Porque eso implica esfuerzo?

—Sí. Y *dolor* —me dio una palmada en la espalda y se dirigió a la audiencia—. Piensen. ¡Siempre es necesario un poco de **buen masoquismo** para que una persona anquilosada por la falta de movimiento estire sus piernas y camine! Pero HAY FELICIDAD EN ESE DOLOR, PORQUE GENERA VIDA. Con la filosofía hedonista y facilona de buscar sólo lo placentero hemos perdido la capacidad de ejercitar nuestro cuerpo (y nuestra mente) porque **el entrenamiento que funciona, DUELE. ¡A nadie le gusta que lo inyecten, o ir al dentista, o someterse a una operación quirúrgica!** ¡A nadie! **TODOS QUEREMOS EVITAR EL DOLOR**, pero la obsesión por el placer y la comodidad a ultranza es una trampa que nos lleva a la negligencia. Debemos aprender que también hay placer en la incomodidad constructiva. **¡Necesitamos romper la barrera del temor a sufrir en pro de lograr un bien mayor!** Sólo la sana *autodisciplina* nos proporciona verdadera felicidad. *Autodisciplina es hacer lo que debemos hacer en el momento en que debemos, sin importar si queremos o no*.

Recordé tantos "productos milagro" que se promueven por televisión. Hechos para cazar bobos (y perezosos). **"No haga ejercicio, no se esfuerce, póngase este cinturón que tiembla, da toques eléctricos y susurra frases subliminales de delgadez; ¡bajará veinte kilos en dos semanas!"**, **"Use estos zapatos curvos, y verá cómo le desaparecerán las lonjas,** le crecerá el busto y se le elevarán las nalgas", "Súbase a esta plataforma que vibra, mientras ve la televisión y come palomitas, ¡su abdomen se llenará de cuadritos!", y la peor de todas: "Coma lo que quiera, no mueva un dedo, pero tómese estas pastillas milagrosas después de cada alimento y antes de ir al baño; toda su grasa acumulada se irá por la cañería"... ¡Cuántas personas FLOJAS se dejan estafar sin querer entender que para bajar de peso SÓLO HAY UNA VERDAD ABSOLUTA: **Hay que hacer ejercicio y dejar de comer como puerquitos.**

El entrenador siguió dando recomendaciones sobre cómo iniciar un programa de acondicionamiento. Yo no necesitaba los detalles. Tenía libros buenísimos al respecto. Pero me di cuenta de que me hallaba apretando sin querer, con la mano, el sobrante lateral de mi abdomen.

Sentí cierto mareo y náuseas.

Sin pensarlo dos veces me puse de pie.

Salí del aula y fui a los elevadores.

Minutos después estaba solo, en mi habitación.

Me quité la ropa y me paré desnudo frente al espejo.

Relajé los músculos, miré mi silueta desde varios ángulos.

Por salud mental de mis lectores voy a evitar describir lo que vi.

Aunque la báscula decía que sólo estaba siete kilos arriba de mi peso ideal, mi cuerpo gritaba: *Me estoy deformando como todos los cuerpos que no se ejercitan*.

Lo más importante que aprendí ese día fue lo que ahora llamo LA PARADOJA DE LA VERDADERA FELICIDAD. Uno de los principios más importantes de la vida:

> Para alcanzar nuestra meta diaria de alegría es necesario hacer algunas cosas incómodas, pero constructivas.
> LA SANA AUTODISCIPLINA NOS HACE FELICES.

Del otro lado del espejo, mi otro yo había agachado la cabeza, se veía compungido y arrepentido.

Volví a ponerme la ropa deportiva; tenis y pants. Pasé por el *lobby*, le di un fuerte abrazo al conserje y fui directo al gimnasio.

Así comenzó una nueva etapa en mi vida.

14

DEFENDÁMONOS DE LA DEPRESIÓN MODERNA

Salgamos al sol y apaguemos el celular

Terminé de impartir el curso. Estaba agotado. Eran las nueve de la noche. Nada me apetecía más que irme al hotel, pedir una cena ligera a la habitación y dormirme temprano para tomar el primer vuelo en la mañana de regreso a casa. Sin embargo, el empresario que me contrató tenía otros planes.

—Lo invito a cenar a mi casa. Mi esposa le preparó algo especial. Será rápido. Se lo prometo. Queremos pedirle un consejo *familiar*.

No pude negarme.

Me subí a su auto deportivo y fui con él. En efecto, nos esperaban su esposa y una hija muy bella como de veinte años. Cenamos. Casi al terminar, entraron en materia.

—Estamos muy preocupados por nuestro hijo Chavo —dijo el empresario—; es muy rebelde. Siempre está enojado. Tiene diecisiete años.

—*Le decimos el Chocolate —agregó la jovencita—, porque todo le choca y nada le late.*

Soltó una risa traviesa.

—¿Qué nos recomienda hacer? —preguntó el padre—. Chavo es muy callado. No nos platica su vida. Se la pasa deprimido o enojado. Para él, **nosotros no existimos**. Su mundo es *la computadora, las redes sociales y los juegos de video*.

—¿Dónde está?

—En su cuarto.

—¿Y por qué no lo invitaron a cenar con nosotros?

—A Chavo no le gusta convivir con la familia —acotó la madre—. Ya le llevé su plato.

—¿No estará enfermo?

—No, *pero lo parece* —agregó el papá—, su aspecto es desagradable. Se compra ropa horripilante y se peina como trastornado.

—Me gustaría conocerlo.

—Claro —dijo el papá—, lo voy a llamar.

El empresario tomó su teléfono celular y le envió un mensaje de texto a su hijo. Me pareció extraño. ¿Por qué no iba a su cuarto y lo llamaba de viva voz? ¿O en su defecto, por qué no le marcaba por el interfono? Después de dos o tres minutos, el padre me mostró la pantalla de su telefonito.

—Mire lo que me contestó. Dice que está ocupado. No quiere venir.

—¿Y cree que yo podría visitarlo en su habitación?

—Claro. ¿Por qué no? Pero prepárese para lo peor.

—Yo lo llevo —se comidió la chica.

Caminé por un largo pasillo detrás de la joven. Confieso que iba nervioso, esperando encontrarme con el ogro desquiciado de las catacumbas. Llegamos a la habitación de Chavo. Estaba cerrada. Se escuchaba música moderna en el interior. La chica tocó la puerta y abrió muy despacio.

—¿Hermano? Hay visitas. Quiero presentarte a una persona que vino a cenar con nosotros.

Entramos. El muchacho estaba jugando frente al televisor. Llevaba una diadema de intercomunicación en la cabeza. Dijo por el microfonito:

—*Comando treinta y dos se retira por el momento. Tengo una intrusión.*

—Voy a prender la luz —advirtió su hermana mayor—, y bájale un poco a la música.

La brillantez del foco nos cegó por un momento. Pude ver el lugar. Había cuatro consolas de juego, cada una de diferente marca. Varios controles remotos. Dos monitores, una computadora encendida con las ventanas de redes sociales abiertas; celulares, tabletas, discos (muchos), cables y reproductores de música. Chavo no era un engendro monstruoso como me lo describieron. En realidad tenía la apariencia de un joven *normal*. Como cualquiera. Usaba ropa moderna y peinado al estilo de los artistas juveniles del momento. No vi en él nada extraño ni alarmante. **De hecho, me recordó a mi Capitán.** Se parecían físicamente.

Detecté en la mirada de Chavo una chispa de nobleza. *La misma señal de vida que he visto en mi hijo muchas veces.*

Su hermana mayor hizo las presentaciones y se retiró. Me quedé solo con él. Por varios segundos no hablamos. La situación era incómoda. Pero el chico quiso ser amable conmigo y dio el primer paso para romper el hielo.

—Así que eres escritor —me dijo—. No he leído tus libros. De hecho yo no leo libros.

—¿Con quién jugabas?

—Con unos amigos que conocí *en línea*.

—¿Cómo se llaman?

—No sé... sólo usamos apodos.

—¿Qué sistema manejas? —me acerqué a sus aparatos.

—El *erre jota versión seis*, pero ya pasó de moda. Todos usan la *versión siete*. Espero comprarla esta semana. Lo malo es que voy a tener que cambiar cartuchos y discos.

—¿Y esos aparatos que tienes en la esquina, apilados y empolvados?

—**Obsoletos**. Pasaron de moda.

—¿Sirven?

—Sí, pero nadie los usa.

—Chavo, perdón por preguntarte esto. Tus papás están preocupados por ti. Dicen que no te comunicas con la gente. ¿Tienes amigos?

—Claro. Hace rato estaba chateando con ellos.

—¿Novia?

—También. Es nueva. No la conozco bien. Pero espero que me salga mejor que la anterior. Tiene un portal en Internet fabuloso.

—¿Te le declaraste por chat?

—Sí —me miró como si yo fuera un bobo—, **por supuesto**.

—¿Y se ven seguido?

—Claro, mira aquí está mi **web cam**. Inclusive, los viernes por la noche ponemos música y bailamos.

—¿Cada uno en su casa?

—Sí, pero tiene su encanto, no creas que estamos locos. Hasta lo hemos hecho con poca ropa.

Me asombré de su sinceridad.

—¿Haces ejercicio? —cambié el tema.

—Por supuesto, de hecho acabo de comprar un tapete y controles nuevos para mi consola de videojuegos. Corro, nado, boxeo; hasta remo en kayak en los mejores lugares del mundo. Es increíble. Mira. Aquí tienes la opción de poner el paisaje que quieras. Las cataratas del Niágara, el Amazonas. Con decirte que he hecho yoga en el mismísimo Tíbet.

—¿Y eres feliz?

—Sí, mi entrenadora de deportes es excelente, cuando logro buenas puntuaciones me regala créditos para comprarme tenis nuevos en la tienda virtual.

—¡Exacto!, hablas de tu vida virtual, pero... en LA VIDA REAL ¿eres feliz?

—Ah, bueno, *lo seré en el futuro*. Ya sabes. Espero tener COSAS MEJORES. La tecnología avanza rápido y quién sabe qué maravillas habrá mañana... También me gustaría tener MEJORES amigos y ¿por qué no? Una MEJOR novia...

Pude ver con total claridad lo que le pasaba a ese joven. Era víctima de un virus que nos está enfermando a todos. El de la *depresión moderna*.

En esta **MARAVILLOSA ERA TECNOLÓGICA**, podemos comunicarnos *al instante* con muchas personas a la vez en todo el mundo usando aparatos electrónicos sofisticados que mejoran constantemente.

Lo frustrante del tema es que **apenas logramos comprar el último** *gadget*, o *software*, **sale la NUEVA VERSIÓN**. Le perdemos cariño a la que tenemos y anhelamos la que no tenemos. Entonces usamos la tarjeta de crédito para actualizarnos y el **ciclo se repite**.

Si todo parara ahí, el problema sólo sería monetario, pero **LA MODERNIDAD NOS CAUSA UN DÉFICIT EMOCIONAL**: Tendemos a *subestimar* **EL MOMENTO PRESENTE**. ¿Para qué amar lo que nos rodea si pronto habrá algo mejor? **TODO ES DESECHABLE**. Lo actual ya es antiguo. "Estamos alertas, en espera de lo nuevo, de lo que sigue, y esto incluye todo: *amistades, relaciones de pareja, familia, autos, vivienda, carrera, trabajo, pasatiempos*".

Andrés Roemer lo explica en su ensayo *NO, un imperativo de la generación Next*.[1] "Se ha demostrado que los seres humanos **somos más FELICES *cuando estamos con otros semejantes***. El investigador Edgar O. Wilson de la Universidad de Harvard ha llamado a esto 'hipótesis de biofilia', puesto que los animales buscan proximidad con otros seres vivientes, y en el caso del *Homo sapiens*, significa que **las personas necesitan conexiones cercanas con otras personas**. Pero la generación NEXT, trivializa al respecto. El impulso NEXT nos desconecta al conectarnos "por deporte" (ELECTRÓNICAMENTE) con otros y por lo tanto no permitimos desarrollar las relaciones ya existentes a plenitud".

—¿Me dejarías darte un consejo? —le pregunté a Chavo.

—Sí.

—¡Deja de alimentarte de comida artificial! *Causa depresión*.

Miró el plato de la cena que su madre le había llevado. Estaba sobre un teclado viejo.

—No me refiero a *ese tipo de comida*, sino a LA QUE ENTRA POR TU MENTE Y POR LOS POROS DE TU PIEL. Para comenzar, Chavo, la luz de una lámpara o de un foco es *nutrición artificial*. Escucha. **La falta de luz solar influye negativamente sobre el estado de ánimo y afecta a la capacidad del cerebro para el manejo de la información**. En Alaska, Noruega, Finlandia y otros **países nórdicos** muchas personas emigran en invierno a latitudes más iluminadas huyendo del terrible ***TRASTORNO AFECTIVO ESTACIONAL*** (depresión crónica por falta de luz natural). Chavo, tiendes a estar triste, en primer lugar, porque pasas demasiado tiempo **dentro de una construcción**. **La luz del sol es una fuente natural de alegría**. Por eso, los días

1. Andrés Roemer, *No. Un imperativo de la Generación Next*, México, Aguilar, 2007.

nublados parecen "tristes" y se antojan para guardar cama. ¿Quieres ser más feliz? **Ejercítate afuera**. Hazte aficionado a excursiones y actividades al aire libre. *Sal de tu encierro*. EL CANSANCIO Y LA FALTA DE LUZ SOLAR AGUDIZAN EL MAL HUMOR. Observa. **De noche somos más ofensivos** (nuestra sinceridad se enfoca en lo malo), somos **más melancólicos, más malhumorados** y tenemos **más miedo**. Chavo, la vida real no consiste sólo en ver la tele, teclear en el celular, sentarse frente a un videojuego, en el cine o en la computadora. **ÉSE ES *EL OTRO* ALIMENTO ARTIFICIAL QUE TE ESTÁ ENFERMANDO**. ¡Apaga los aparatos electrónicos y usa tus cinco sentidos para vivir tu presente! Chavo, el Internet es como la nitroglicerina: puede curar o destruir. Puede acercarnos a nuestros amigos que se encuentran lejos o alejarnos de nuestros amigos cercanos. Puede ayudarnos a aprender acerca de grandes hombres y sus obras, o inducirnos a la pornografía. Todo depende de la forma de usarlo. **Bájale a tus tiempos en línea**. Usa menos videojuegos. Tal vez te des cuenta de una terrible verdad: **ERES ADICTO** a todo ello. Quizá sufras un *síndrome de abstinencia* como les sucede a los drogadictos cuando les quitan la droga, pero resiste; sustituye tu vicio por *nuevos satisfactores*. **Procura reunirte con personas de carne y hueso**, y disfruta junto a ellas el deleite de **una buena conversación; de un juego de mesa; de un paseo; de una cena íntima**. Veo que tienes una GUITARRA ELÉCTRICA en el rincón. Está empolvada. Hace tiempo que no la usas.

—Me gustaba tocarla y componer música... Pero ya no me inspiro como antes...

—Claro, porque para inspirarte necesitas **concentración, y la tecnología te distrae demasiado**. Chavo, tu juventud es muy valiosa, no la desperdicies. Vuelve a componer. **Enfócate en proyectos grandes** y busca la *INSPIRACIÓN*. Para eso tendrás que apagar el celular (no ponerlo en vibrador, sino apagarlo para evitar la tentación de echarle una mirada cada vez que tiemble por alertas de texto, voz, chat, e-mails, o cumpleaños de tus compañeros de primaria); desactivar en la computadora el correo electrónico y las redes sociales... **¡El problema más grande de nuestros tiempos es la dispersión!** Tú estás demasiado *distraído*. POR ESO NO ERES FELIZ. Vuelve tus sentidos a lo único verdadero: ***el momento presente***.

Chavo asintió, bajó la cabeza y se quedó pensando. Me despedí de él dándole un abrazo. Se puso tenso. Ni siquiera levantó las manos para corresponderme.

Salí de la habitación y regresé al comedor.

—¿Gusta un café? —preguntó la mamá

—No, gracias. Prefiero irme ya.

—¿Cómo está Chavo?

—Bien. Es un buen muchacho.

—Claro —dijo el empresario—. Pero *necesita cambiar su actitud*. Eso es todo. ¡Sólo le falta una actitud correcta!

—Perdone que difiera. A Chavo le falta otra cosa.

—¿Qué?

—**Le falta amor**.

La frase se quedó en el aire. Me acompañaron a la puerta. Un chofer me estaba esperando para llevarme al hotel.

—Yo amo a mi hijo —comentó el hombre—, pero lo amo, ***NO tanto por lo que es ahora***, sino ***por lo que será algún día. Lo amo por el joven en quien se convertirá***.

—¿O sea que no le gusta la ***versión uno*** y espera que salga la ***dos***?

—¿Cómo?

—¿Qué pasaría **si su hijo muriera *mañana*** y nunca llegara a convertirse en ese joven que usted hubiera podido amar? Con todo respeto, la versión mejorada de su hijo que usted anhela es una falacia. **No existe**. Usted sólo tiene lo que puede ver y tocar *hoy*. Su hijo real, **el verdadero** es el que está adentro de ese cuarto, deprimido y solo, muriéndose por falta de cariño.

No sé si logré explicarme. Pero la pareja se despidió de mí con circunspección. Salí de esa casa, inspirado. Mandé un mensaje de texto a mi esposa diciéndole que la amaba y prometiéndole no volver a enviarle mensajes de texto cuando estuviera en casa. Todo se lo diría con palabras y abrazos...

Aunque me urgía tomar el vuelo de regreso a mi ciudad, decidí disfrutar la alegría de estar solo aquella noche y repasar una y otra vez lo que había aprendido.

15

VIVAMOS EN CONSTANTE REALIZACIÓN

Superemos el reto tailandés

Estábamos en las afueras de Bangkok haciendo una ruta ciclista.

Después de cruzar dos ríos en barco llegamos a un enorme territorio anegado; las casas estaban construidas **sobre altos pilotes**. La única vía de comunicación era un larguísimo andador angosto (con muchos quiebres) alzado **como puente**, dos o tres metros arriba de los fangales. Resultaba muy difícil conducir una bicicleta sobre esa banqueta elevada. **Medía un metro de ancho y no tenía barandales**.

Los ciclistas nos detuvimos en fila.

El guía nos explicó que debíamos ir atentos para no caer, porque sería difícil el rescate. Nos dijo que los pobladores de esa zona de Tailandia se transportan en dos ruedas sobre el andador y que debíamos hacernos a la derecha cuando alguno quisiera rebasarnos.

María murmuró:

—¿Qué está diciendo este chino loco? Yo no voy a conducir la bicicleta sobre este puentecito. Mucho menos darle paso a alguien que quiera rebasarme o venga en sentido contrario.

—¡Claro que puedes, amor! Si otros lo hacen, ¿por qué tú no?

—Si otros lo hacen es porque se están entrenando para el Circo del Sol. Pero yo tengo otras aspiraciones. No me interesa ser equilibrista.

Los ciclistas arrancaron. María y yo fuimos detrás. Quise darle instrucciones:

—No titubees. Concéntrate. Pedalea con decisión. Ignora el voladero de ambos lados. Sólo mantén el ritmo.

—Cállate.

Entró en pánico y comenzó a zigzaguear, gritó. Su llanta delantera se fue al vacío y ella alcanzó a detenerse tirándose al suelo.

Me bajé de mi bicicleta y corrí a levantarla.

—Tengo miedo.

—Inténtalo de nuevo. Hazlo con cuidado, pero confía en ti.

Volvió a subirse y la empujé para que ganara velocidad. Volvió a moverse de un lado a otro. Parecía una niña de cuatro años aprendiendo a equilibrarse después de que le quitaron las rueditas a su bicicleta por primera vez.

Se detuvo.

—Está muy difícil. Me voy a caer al río.

—Relájate, amor. La gente transita por aquí todo el tiempo y no se cae. Además, mira para abajo. El río está casi seco, sólo hay lodo. Si te vas no te pasará nada.

—¿Lo dices en serio? ¡Debe de haber cocodrilos!

—¡Ay, amor! —el guía regresó a ver qué sucedía; le pregunté—, ¿verdad que no hay cocodrilos?

—No. Tranquila señora. Vamos.

María tenía la cara desencajada. Cerró los ojos y respiró.

—¿Que hago aquí?, Dios mío. Esto no puede estar sucediéndome —siguió paralizada; el grupo se hallaba detenido esperándola—. Quiero regresar.

—No podemos volver —le dijo el guía—, hay que ir para delante.

María permaneció inmóvil.

—Rompe el pánico —le dije al oído—, ¡muévete! ¡Haz algo! ¡No te quedes quieta!

Según Abraham Maslow, los ciclos naturales de reacción humana ante los problemas son:

- **Pánico** / parálisis por negación e incertidumbre.
- **Depresión** / lentitud de movimientos, apatía e ideas negativas.
- **Enojo** / movimientos rápidos, descontrolados.
- **Realización** / acción precisa, dirigida conforme a un plan.

Meses atrás, yendo a la televisora más importante del país, encontré el camino cerrado. ¡Absurdo! ¡Estaban haciendo una reparación al asfalto a las ocho de la noche! Me habían invitado para una entrevista en vivo en el noticiero nacional. Cuando vi que no llegaría a la cita, **ENTRÉ EN PÁNICO**. Me quedé paralizado pensando en las consecuencias. Incumpliría un compromiso importante. La gente se decepcionaría de mí. Los medios me castigarían. Jamás volvería a ser invitado. Quizá hasta me demandarían por daños y perjuicios; tendría problemas legales. ¡No podía llegar tarde a esa cita! Estuve varios minutos aterrorizado.

El miedo paraliza. Pero además, según los expertos en supervivencia,[2] causa más muertes que los riesgos reales. Después de un aterrizaje forzoso, por ejemplo, quienes se quedan inmovilizados por miedo no son capaces de quitarse el cinturón para escapar. Escalando, el pánico a la altura puede causar parálisis, vértigo, entumecimiento y caídas.

2. Ben Sherwood, *El club de los supervivientes*, España, Espasa, 2010.

En una situación cerrada, el miedo puede hacer que la gente se quede patitiesa y sufra un infarto.

Hay quienes viven con miedo crónico (esta condición es contraria a la felicidad). Hay que superarlo pronto. ¿Cómo? **¡Moviéndonos!**

Mi esposa asintió.

—Está bien, pero no voy a subirme a la bicicleta. Caminaré sobre ella.

Y así inició su marcha lenta.

—¿Cómo piensas andar ochenta kilómetros llevando, a pasitos, la bicicleta bajo tus piernas?; ¡Tenemos que hacer el recorrido en cinco horas, no en quince!

—¡Déjame!

Entonces comenzó a lloriquear mientras murmuraba:

—Cuando me casé nadie me dijo que mi marido me obligaría a arriesgar la vida en todos los viajes. Casi me voy de boca a ese lodazal tres metros abajo. Quieres deshacerte de mí. Ya no te importo. A nadie le importo. Ésa es la historia de mi vida. Mi padre se murió, mi madre me abandonó. Fui rescatada de la indigencia por mi abuelita. Fue la única persona que me quiso. Ahora nadie me valora. Soy un cero a la izquierda para el mundo.

Había entrado al estado de depresión.

—Amor —le dije—, deja de decir tonterías. Enfrenta los hechos y haz un plan de acción.

—No quiero oírte. No quiero oírte. Déjame sola. Vete de aquí.

Dejó caer la bicicleta abarcando todo el paso, se sentó en el suelo y se puso a llorar.

Para entonces, todo el grupo había regresado. Algunos hablándole en inglés, y el resto en tailandés, le daban ánimo.

Las etapas de Maslow no fallan.

Meses atrás, detenido por completo en aquel embotellamiento, a punto de perder la cita en la televisora nacional, me invadió una ola de tristeza: murmuré cosas malas contra mi ciudad, los gobernantes y la gente mediocre que hace reparaciones cuando yo tengo prisa. También pensé que mi carrera profesional iba en picada y que pronto acabaría olvidado por todos y en la quiebra.

Así es la depresión.

Y alguien con depresión no puede ser feliz. Hay que superarla pronto. ¿Cómo? **¡Sacando el coraje de nuestro interior!**

Esta nueva etapa se le llama **IRA.**

—Amor —le dije a María—, disfruta el momento. Estamos en Tailandia. Mira alrededor. Toma una foto en tu corazón.

Eso fue el detonador. Se puso de pie con un salto.

—¡A ver, esposito mío! ¡En el itinerario de viaje para hoy decía: "Paseo en bicicleta y relajamiento en un spa oriental con masaje y hierbas aromáticas"! ¿Dónde está la masajista y las malditas hierbas aromáticas? Quieres tomarme el pelo, ¿verdad?

—Esa actividad es por la noche.

—Claro, ¡y tú planeas llegar solo al hotel para que te dé el masaje una geisha mientras a mí me parte un rayo por aquí! Pero no voy a permitirlo, chiquito. No te vas a deshacer tan fácil de tu mujer —se acercó al guía, lo tomó del jersey y lo sacudió—. Óyeme, tailandés deschavetado. ¡Quiero que me lleves a una carretera decente! No pienso seguir jugando a la cuerda floja en bicicleta.

—Éstas son las carreteras, señora.

—¿Por dónde pasan los carros y camiones?

—Aquí no hay.

—¡Maldición! Todos están locos. Está bien. Iré para adelante. Ya lo verán. No me conocen. Si alguien se me atraviesa lo voy a aventar al lodo. Quítense de mi camino, mirones. *Voy a superar este reto tailandés*.

Entonces se subió a la bicicleta, pero cada vez que perdía el equilibrio se bajaba hacia el frente golpeándose las piernas con los pedales. La técnica salvaje y masoquista le funcionó. Aunque avanzó rápido, a los pocos minutos llevaba las espinillas y pantorrillas ensangrentadas, con moretones y rasguños terribles; iba dando gritos de rabia, lastimándose pero adelantando.

Así es la ira.

Meses atrás, estando en el auto, después de lamentarme porque perdería la entrevista en la televisora, sentí mucho coraje. "Yo soy un triunfador, un luchador —me dije—, nunca me doy por vencido. Me invadió una rabia competitiva y crucé el auto de forma violenta, salí de la vía principal que seguía detenida y me interné por muchas callecitas tocando el claxon; casi choco tres veces; di varias vueltas en U, acelerando sin ton ni son, buscando alguna vía despejada; cualquier vía; la que fuera... en cada cambio de dirección, maldecía y decía majaderías. Minutos después, me encontré totalmente perdido. En medio de otro congestionamiento. Furioso y sin la menor idea de dónde estaba.

¡Cuántas personas viven atrapadas en **IRA CRÓNICA**! Moviéndose siempre con violencia, diciendo malas palabras y arremetiendo contra todos.

Alguien con ira no puede ser feliz. Hay que superarla pronto. ¿Cómo? **¡Haciendo un PLAN y decidiendo disfrutar el presente mientras lo llevamos a cabo!** Eso se llama vivir en **REALIZACIÓN**.

A punto de incumplir con mi compromiso en la televisora, detuve el auto, tomé aire y me calmé. Hice un plan. Buscaría a un taxista que supiera otra ruta y me llevara al destino. Así disfrutaría el camino y aprendería algo nuevo. Pero no pasó ningún taxi. Había demasiado tráfico. Los únicos que se movían rápido en ese caos eran los motociclistas. Hice otro plan. Estacioné el auto en un garaje público y salí a la calle a pie. Detuve a un motociclista y le pregunté cuánto ganaba por el día de trabajo. Le dije que yo se lo pagaría si me llevaba a la televisora nacional. El primero no aceptó, pero el segundo, sí. Era un pizzero. Iba de regreso después de entregar un pedido. Me subí de pasajero y volé con él por los más pequeños intersticios de las calles. Supe lo que se sentía ser una pizza. Aunque a esa velocidad habría perdido los peperonis. Llegué a la televisora a tiempo. Todo salió bien y disfruté la aventura.

Así es la realización.

En Tailandia ocurrió algo similar.

Llegamos a una explanada donde los ciclistas nos detuvimos. María, cansada de torturarse, se enfocó en resolver su problema. Comenzó a dar vueltas en círculos para ganar más confianza sobre la bicicleta. Aceptó escuchar los consejos de otra señora tailandesa más o menos de su edad. Organizó sus ideas e hizo un plan de acción. Por si las dudas, yo no me aparecí cerca de su campo visual. Cuando reiniciamos la ruta, ella se centró en perfeccionar la técnica. Dejó de golpearse con los pedales y, aunque avanzó lentamente, lo hizo con seguridad. De vez en vez se detenía para tomar fotografías. Entonces me di cuenta de que estaba disfrutando el camino.

Llegamos agotados al hotel. No fue sino hasta después del masaje tailandés con hierbas aromáticas, que volteó a verme y me sonrió.

—Fue un día interesante —me dijo, y luego agregó lo que siempre me dice cuando salimos—, pero *el próximo viaje lo organizo yo*.

16

NO LASTIMEMOS CON PALABRAS NECIAS

Ni aventemos cacerolazos

Estábamos cenando en el departamento de unos amigos cuando comenzó el zafarrancho. Escuchamos a la pareja de vecinos discutir con especial vehemencia, al otro lado de la pared.

Nuestros amigos sonrieron como tratando de disimular una vergüenza ajena. Él alcanzó un control remoto y subió el volumen de la música.

—Estos departamentos fueron construidos con materiales prefabricados de basura comprimida; dan una excelente apariencia, pero dejan pasar todos los sonidos. Oímos hasta cuando los vecinos van al baño; lo malo es si tienen problemas estomacales —se echó a reír; su esposa lo miró con ojos de pistola.

Los gritos de la pareja contigua se intensificaron.

—Estoy todo el día trabajando y dices que no hago nada —se quejó la voz femenina—. ¿Crees que soy tu esclava? ¡Tacaño! ¡No me das dinero ni para lo básico!

—El dinero aquí es *mío* —respondió la voz masculina—. No tengo por qué dártelo. ¿Quieres dinero? *¡Trabaja de verdad!* Además, *mira alrededor*. Esta casa contiene *todo*. Adornos, jarrones. Comodidades. ¡Yo las he comprado! —reiteró—, con *mi* dinero.

—Estas "comodidades" son puras baratijas. *¡Tómalas!*

Se escuchó el estallido de un objeto rompiéndose en pedazos.

A través de la pared de pacotilla se filtraron los sonidos de más interjecciones estrepitosas y de otros estallidos.

—Hay que detenerlos —sugerí—. Se pueden matar.

Mi amigo parecía despreocupado. Me tranquilizó:

—Los vecinos no tienen buena puntería. Pero, claro, el día que se atinen nos van a echar a perder la velada con el ruido de las ambulancias.

Se oyó un golpe más grave, seguido de nuevas majaderías.

—Hay que hacer *algo* —propuse con menos convicción—, al menos para salvar los adornos de la casa.

—No te preocupes. Mañana repondrán lo que rompieron.

Mi esposa y yo nos miramos boquiabiertos.

—¿Hacen esto con frecuencia?

—Tres veces por semana.

—¿Y les alcanza el dinero para renovar todo lo que rompen?

—Deben de comprar cosas baratas.

—¿Quiénes son sus vecinos?

—Profesionistas. Los dos visten bien y dan una apariencia en público muy diferente a lo que ocurre cuando se encierran a solas.

—Y ustedes tienen que aguantarlos a diario —susurré.

—Tres veces por semana —corrigió—, pero es por culpa de las paredes falsas. En todas las familias hay problemas parecidos.

—Ah.

Mi esposa y yo nos volteamos a ver. En nuestra casa hacía mucho que no volaban platos.

Los vecinos belicosos se dieron una tregua. Tal vez acabaron con sus reservas de proyectiles y se habían atrincherado para reabastecerse.

—*Es cierto* —condescendí—. *El mundo está lleno de amargura porque la mayoría de las familias son infelices.*

—Sí —contestó mi amigo, pero bajó la vista y pude adivinar que ocultaba secretos dolorosos. María también lo notó.

Aunque forcemos una sonrisa o tratemos de aparentar plenitud, si nuestras vidas privadas son agrias, la acidez nos brotará por la comisura de los labios.

Quise cambiar el tema, subir más el volumen a la música, pero María reaccionó diferente (siempre lo hace). Encarando la verdad.

—¿Ustedes están bien?

—Sí. Claro, bien...

—¡Excelente! —comenté.

—No les creo. Nunca se avientan cosas —era obvio, todos los adornos de su hogar eran caros—. Pero se han lastimado con palabras. ¿Verdad? —¿por qué mi esposa siempre ponía el dedo en la llaga? Continuó—: No sólo el maltrato físico ocasiona heridas. Son **las palabras** lo que más daña... *La lengua, siendo uno de nuestros órganos más pequeños, contamina todo el cuerpo y es capaz de prender con fuego de maldad todo el curso de una vida.*

Nuestros amigos bajaron la vista.

En el departamento de al lado sólo se oía el llanto de la mujer. En el nuestro, la música de Yanni.

—¿Quieren postre? —preguntó de repente nuestra anfitriona—. Hice un budín.

—¡Sí! —contesté de inmediato—. ¡Qué rico! Me encantan los postres.

María frunció las cejas. Ella sabe que yo *nunca* como budín.

—¿Qué? —le dije en voz baja—, *hoy sí* se me antoja.

Nuestra amiga se iba a poner de pie para ir a la cocina, pero su marido comenzó a hablar con voz suave y cortés.

—Ella es **SARCÁSTICA**. Eso me lastima. Me lastima mucho —nos quedamos pasmados por la repentina confesión—. A mi mujer le encanta decirme frases como *¡Muy bien, te luciste! ¡Eres un angelito, siempre por las nubes! ¡Qué bonito regalo, seguro gastaste una fortuna! ¡Aquí te paso un vasito, para la baba! ¿No quieres pedir algo más?, al fin que nos sobra el dinero.*

—¿Y tú, mi amor? —contraatacó ella con un tono igualmente amable, olvidándose del budín—, todo el tiempo **ME DAS ÓRDENES ARTERAS** como si yo fuera tu sirvienta: *¡Arréglate pronto que ya nos vamos! ¡Cámbiate, te ves horrible! ¡Plánchame esta camisa! ¡Hazme de cenar ya! ¡Muévete! ¡Quita esa cara! ¡A ver a qué horas!*

—Estás mintiendo. Todo lo **EXAGERAS**.

—Esa es otra de tus cualidades. **MINIMIZAS** lo que te digo. Por ejemplo, me dices: *¡No llores, no es para tanto! ¡Te ahogas en un vaso de agua! ¿Por qué te quejas de mí?, nunca te he pegado, soy bueno, no tomo; no soy infiel, ¿qué más quieres?*

—Estás dramatizando.

—¿Lo ves?

Moví la cabeza. Sospeché que nunca probaría el postre.

—¿Qué van a decir nuestras visitas?

—Carlos y María están acostumbrados a que la gente les platique cosas...

—¿Ah, sí? A ver, amigos. ¿Qué piensan de esto? A mi esposa le encanta **HACERME REPROCHES**. Por ejemplo: *¡Qué pésimo vocabulario tienes! ¿Dónde aprendiste a hablar? ¡Otra vez estás diciendo cochinadas! ¡Roncaste toda la noche! ¡Te estuviste moviendo y jalando las cobijas! ¡No me digas que estás cansado!*

—¿Y tú? —dijo ella—, ¿qué tal cuando **ME AMENAZAS**? A veces me dices: *¡No sabes de lo que soy capaz! ¡Atente a las consecuencias! ¡Un día de estos me vas a conocer! ¡Me voy a ir de la casa! ¡Si salgo por esa puerta, jamás me vuelves a ver!*

En ese momento los vecinos regresaron al campo de batalla. Primero se oyeron reclamos y después un nuevo estallido de vidrios, pero esta vez ocurrió lo que yo tanto temía: la mujer salió lastimada. Comenzó a dar alaridos de dolor.

Mis anfitriones se pusieron de pie rápidamente. Llamaron a la ambulancia y, en efecto, minutos después, las sirenas agudas y el desfilar de asistentes arruinó nuestra velada.

—Qué vergüenza —se disculpó nuestro amigo—. Entre los vecinos y nosotros les hemos hecho pasar una mala noche.

—Fue divertida —comenté.

Mi esposa me pellizcó.

—*Ouch* —me quejé.

—No tomes todo a juego. Ellos esperan un consejo.

Miré a María con berrinche. Sólo faltaba que nos agarráramos de la greña también. Carraspeé.

—No sé qué decir —comencé—. Ustedes se han lastimado con palabras, pero todos cometemos ese tipo de errores... ¡yo también! Déjenme platicarles algo que me pasó hace poco. Tuvimos una cena en mi casa con diez parejas. Estábamos celebrando la clausura del curso *Cuarenta días de amor* que

María y yo impartimos. Teníamos una nueva cocinera en casa que nunca le atina al punto medio de la sal. Yo estaba apenado porque en la mesa había algunos platillos con mala sazón. Cuando probé mi guiso favorito no aguanté más y me disculpé con mis invitados. Les dije: "Este platillo está horrible, lo siento, no tiene sazón, por favor no se lo coman". Y le dije a María: "Cariño, retira este potaje de la mesa, sabe muy feo". Mi esposa se puso pálida. Hubo un silencio terrible. Ellos sabían algo que yo no. Una de nuestras invitadas más queridas se levantó. Tenía ganas de llorar. Dijo: "Yo cociné ese platillo; lo hice con mucho cariño para ti, porque eres nuestro líder y supe que te gustaba". Quise que me tragara la tierra. María trató de componer las cosas: "Mi esposo no quiso decir lo que dijo; el guiso sabe delicioso, sólo tiene un gusto diferente al que él está acostumbrado, por favor, no te ofendas, fue un malentendido, gracias por cocinar para nuestra cena de clausura...". Así fue como eché a perder el curso *Cuarenta días de amor* y lastimé los sentimientos de alguien a quien amamos mucho... Con esto quiero decirles que ***nada puede causar más infelicidad a los demás y a nosotros mismos que las palabras imprudentes***. Todos luchamos contra ellas. ***La boca floja nos hace cometer los errores más dolorosos***. Créanme, sé lo que les digo. ¡Ustedes son muy sabios! Platiquen con calma de lo que les incomoda. Después hagan una campaña de HABLARSE CON CUIDADO. ¡Controlen sus palabras! ¡Extremen precauciones para no lastimarse con frases tontas! ***¡No se levanten la voz ni se lancen mensajes despectivos!*** Y lo más importante de todo, por favor: ¡mañana mismo pongan en venta este departamento y cámbiense a una casa con paredes de verdad!

Asintieron.

—Gracias.

Y ella completó:

¡No se vayan sin antes comer un poco de postre! *Yo misma lo preparé.*

Volvimos a sentarnos.

El budín estaba extremadamente dulce. Para matar diabéticos. No soporté el sabor, pero me lo comí sonriendo y haciendo pucheritos. María me animó con señas alegres usando el dedo meñique desde el otro lado de la mesa. Detecté en sus gestos un poco de sarcasmo. En fin. Ninguna pareja es perfecta.

17

SALGAMOS DE CASA TREINTA MINUTOS ANTES

Y cuidemos a los cerditos

Puse mi despertador a las seis cuarenta. En cuanto sonó, oprimí el botón para posponer la alarma cinco minutos más; hice lo mismo varias veces. Cuando al fin logré despegarme de las cobijas eran las siete veinte. **Ahora tendría que correr un poco**. No había problema. Mi vuelo salía hasta las nueve. Había comprobado que las recomendaciones de llegar dos horas antes al aeropuerto eran una exageración. Por lo regular cuarenta minutos resultaban suficientes.

Hice una rutina de ejercicios extra rápida. Comí un desayuno veloz. Me di una ducha instantánea. Me puse el primer traje y camisa que vi. No cerré los botones; tampoco até las agujetas de mis zapatos. Lo haría en el camino. Preparé mi maleta de mano en dos minutos. Pasé por el estudio y atrapé, al vuelo, las fichas del seminario que iba a impartir. Subí al auto y aceleré. Un gato callejero que suele dormir debajo salió gritando. Casi lo aplasto con la llanta trasera.

—*Lo siento, minino, tengo prisa.*

Me incorporé a la avenida. Hice varios rebases imprudentes. Dos automovilistas me agredieron.

—*Lo siento, amigos, tengo prisa.*

Los dejé muy atrás, pero luego me alcanzaron en el siguiente semáforo con gestos bravucones. Se pusieron junto a mí. Uno de cada lado. *Los ignoré*. Me até el cordón del zapato derecho. Al hacerlo miré hacia abajo. Entonces descubrí que en el asiento contiguo **estaba el trabajo de Física que hice con mi hijo la noche anterior** (por eso nos desvelamos).

—¡No puede ser! Es una tarea importante. Vale dos puntos en nuestra calificación final.

Quizá mi Capitán estuvo esperándome temprano en el auto para que lo llevara a la escuela (tal como acordé con él), pero como no salí a tiempo, se fue con su hermana, o con su madre o con el vecino. El caso es que olvidó la tarea en mi auto. Miré el reloj. Podía desviarme un poco y llevársela. Eso me retrasaría diez minutos más. No importaba. Los repondría en el camino.

Llegué a la escuela, me estacioné en doble fila y corrí para dejarle el trabajo al prefecto.

—Es muy importante —le dije—. Lléveselo a mi hijo ahora mismo.

—Sí. Claro, señor. Oiga. Tiene la camisa desabotonada.

—Ya lo sabía.

—Ah, y también trae el cierre del pantalón abajo.

—Oh, eso no lo sabía.

Me subí el cierre y dejé los botones para después. Casi me caigo al pisar las agujetas del zapato izquierdo.

Manejando, busqué rutas alternativas. Siempre que pude, me pasé (eso sí, con cuidado) todos los semáforos en rojo.

Una patrulla detectó mis tropelías y quiso perseguirme; no logró alcanzarme. La dejé atrás en un crucero en el que franqueé rozando varios autobuses que tenían el derecho de paso. Creí escuchar un rechinido de llantas atrás de mí.

—Todo el mundo tiene prisa —dije como para justificarme—. En las calles reina la anarquía. Los automovilistas

nos peleamos por un milímetro de asfalto. Manejamos pegando defensa con defensa sin dejar pasar a nuestro carril a nadie. La gente está histérica. Ya no existe la cortesía o los buenos modales. Somos unos imbéciles. Así que con permiso.

Haciendo malabarismos al volante, terminé de abotonarme la ropa, fajarme la camisa y hacer un par de llamadas pendientes por el celular. Entre tanto juego de manos casi atropello a un vagabundo que quiso cruzar la calle frente a mí.

Llegué al aeropuerto patinando. Por fortuna había impreso el pase de abordar la noche anterior. Así que corrí desaforado por los andadores. Pedí permiso en la enorme fila de seguridad y me pasé hasta delante.

Llegué a tiempo. Todavía me di el lujo de ir al baño.

—¡Sí! —me felicité—, ¡soy un relámpago!

En el avión busqué un asiento con otro vacío al lado. Necesitaba trabajar. Preparar mi presentación. Daría un curso en las afueras de Monterrey. Tenía una hora de vuelo y otra de carretera para terminar el esquema de mi exposición. Tiempo más que suficiente. Desplegué cientos de papeles alrededor y me concentré en organizarlos. Cuando aterrizamos había logrado terminar la mitad del trabajo.

Abandoné el avión y fui directo a la salida del aeropuerto. Ahí me esperaban dos asistentes bien peinados, cargando un letrero con mi nombre. Traían gafetes de la compañía que me contrató.

Me subí a su auto en el asiento de atrás y volví a desplegar las fichas.

De inmediato me di cuenta de que el chofer era de mi club. Aceleró y dio una vuelta a noventa grados sin frenar. Casi salgo por la ventana.

—Lo siento —dijo.

—¿Tenemos prisa?

—Un poco. El camino es largo y su participación en el seminario será dentro de cincuenta minutos.

—¿Y por qué no pusieron mi participación más tarde?

—El evento comenzó hace tres días. Hoy es la clausura. Lo ideal hubiera sido que usted llegara desde ayer, pero en sus oficinas nos dijeron que tenía su agenda muy apretada.

Asentí. Esas fueron mis instrucciones. No pude viajar el día anterior porque alguien necesitaba ayudar a Capitán con su tarea de Física y abrazar a mi esposa por la noche para compensar su temperatura (últimamente hace mucho frío donde dormimos).

Me puse el cinturón y seguí escribiendo el esquema de mi charla.

Alcanzamos velocidades de ciento sesenta kilómetros por hora en carretera. Entramos a una zona rural y comenzamos a esquivar vacas, gallinas y caballos. Al dar un giro repentino nos encontramos con varios cerditos cruzando el sendero. Uno de los más pequeños no alcanzó a pasar. El chofer gritó.

—¡Lo siento! ¡Lo siento!

El cerdito bebé voló por el cofre y se estrelló en nuestro parabrisas. Fue asqueroso. Para describirlo con elegancia diré que nos llovieron tocinetas y morcilla.

Tenía ganas de vomitar. Abrí la ventana.

—Bájele un poco —pedí—. Ese cerdito pudo ser un niño.

—Sí —contestó el chofer apenado—, tiene razón...

La tarea de Física fue sobre movimiento rectilíneo. Tenía las fórmulas en la mente. Hice algunas cuentas. Luego dije:

—Esta mañana he corrido demasiado. Estoy un poco nervioso. Y arrepentido. ¿No les molesta escuchar mis reflexiones? Pienso mejor cuando hablo en voz alta.

—Adelante.

—Manejando en la ciudad, **los semáforos** son nuestros peores enemigos para llegar a tiempo. Todos queremos pasarlos rápido, acelerar a fondo cuando vemos la luz verde o amarilla. Pero **supongamos que debemos recorrer un trayecto en el que hay treinta semáforos** (¡demasiados!) y todos nos tocan en alto (¡qué mala suerte!). Como cada semáforo se mantiene en rojo durante unos treinta segundos, la diferencia entre pasar todos en verde y detenerse en cada uno sería sólo de... (¡Increíble!; los números no fallan). *QUINCE MINUTOS*. Nada más. **¡Treinta semáforos en rojo representan sólo quince minutos de retraso!** Claro que cuando llevamos prisa, los altos nos parecen una eternidad. Sobre todo si hay fila enfrente. Así que en vez de salir quince minutos antes de la casa, optamos por tomar atajos, subirnos a las banquetas y pelear a muerte con los conductores cercanos para que no se nos metan. **¡Quince minutos de anticipación al salir pueden ser la diferencia entre la vida y la muerte!** ¿No les parece una idiotez? ¡Quince minutos los perdemos en el baño cuando estamos estreñidos! Quince minutos tardamos en espabilarnos después de que suena el despertador en la mañana. (Claro que a veces, ¡perezosos!, nos tardamos más). ¡Quince minutos no es nada! Ahora pensemos que nuestro trayecto es en carretera. **Yo puedo cubrir una distancia de setenta kilómetros en media hora si conduzco a ciento cuarenta kilómetros por hora, pero si voy a noventa y cinco** (aumentando exponencialmente mi margen de seguridad), **en vez de treinta minutos, el trayecto me tomará cuarenta y cinco. Otra vez, la diferencia entre ir protegido contra imprevistos y poner en peligro mi vida y las de otros, es de QUINCE mugrosos minutos.** ¡Quince! ¡Caramba! ¿Y por qué no en vez de quince me doy TREINTA minutos de holgura? ¿Qué me costaría salir media hora antes de la casa? ¿Poner el despertador treinta minutos antes? ¿Dejar de hacer algunas cosas la noche anterior y dormirme media hora más temprano? ¿O posponer otras tonterías que hago en la mañana? Total, si llego antes a una cita, siempre podré tomar el celular y seguir trabajando, pero ya sin riesgos ni prisas... —me pasé las manos sobre la cabeza—. *Siempre he dicho que ir despacio es cosa de mediocres. Ahora entiendo que es al revés.*

El chofer había disminuido notablemente la velocidad.

Nadie habló durante el resto del trayecto.

Llegamos a la pequeña ciudad en donde se llevaba a cabo el seminario, dos minutos antes de mi participación. Las calles eran angostas y había poco tráfico. Entonces ocurrió lo impensable (**¡Dios mío, ya no era necesario; había entendido la lección!**).

Dos cuadras antes de llegar a la sede, justo en un crucero, otro auto nos embistió de costado a la altura de nuestra llanta trasera.

El choque fue aparatoso. Giramos dos veces antes de detenernos.

Tardamos varios segundos en comprender lo que había pasado. Por fortuna no hubo heridos. Pero el coche que se estrelló con nosotros quedó deshecho. En pocos minutos estábamos rodeados de curiosos. Los organizadores del curso llegaron por mí. Me preguntaron si estaba bien. Nuestro auto estropeado tenía manchas de sangre. Les explicamos que no eran nuestras. *Eran de un cerdito.*

Todavía mareado, sacudiéndome los vidrios, caminé hasta el salón del evento.

Apenas tomé el micrófono se me quebró la voz. Me costó mucho trabajo iniciar la exposición. Di un mensaje emotivo. Salido del alma. Lo que acababa de pasarme jamás lo olvidaría.

¡Cuántos miles de familias han sufrido desgracias porque el conductor de un auto llevaba prisa! Cuántas personas por tratar de llegar *quince minutos* antes acaban matándose, o en la cárcel por asesinar a alguien en el camino, o en una silla de ruedas para todas sus vidas.

El tiempo que se gana por correr en un auto es mínimo, pero la cantidad de histeria colectiva e infelicidad generalizada que produce esa práctica común es inconmensurable.

Desde aquel día incluyo en mis cálculos un lapso de holgura *mínimo de media hora*.

Mi esposa, hijos y yo seguimos jactándonos de aprovechar la vida al máximo y hacer más que los demás en menos tiempo. Seguimos diciendo nuestra porra de victoria después de alcanzar las metas complicadas que nos ponemos cada día, pero, por decreto familiar, hemos disminuido nuestra velocidad al transportarnos. Siempre que vamos de un lado a otro corremos menos y cuando nos toca un semáforo en rojo, aprovechamos para charlar.

18

QUEDEMOS BIEN CON NOSOTROS MISMOS

¡No nos dejemos influir!

Desde que era un adolescente, podía mantenerme firme en mis ideas (que no eran muchas), siempre que estuviese frente a compañeros con poca autoestima o escaso talento. Por lo regular lideraba fácilmente al club de gorditos, morenos, bajitos, dentudos, cojos y espantadizos. Pero si por alguna razón tenía que convivir con los carismáticos, acababa cargándoles las mochilas y riéndome a carcajadas de sus chistes en doble sentido, que no entendía.

Las relaciones sociales no eran mi fortaleza, así que me concentré en el estudio y en el deporte. A los dieciocho años llegué a ser campeón nacional de velocidad en ciclismo y rompí el record Panamericano de kilómetro contra reloj. Entonces el entrenador del Comité Olímpico me dijo:

—Eres disciplinado. Has desarrollado una técnica muy particular. Los directivos creemos que los futuros talentos pueden aprender mejor si observan a jóvenes como tú, hemos decidido ponerte un discípulo. Se llama Ronaldo y es de tu edad. Le enseñarás a entrenarse. Llega mañana. Dormirá en tu cuarto.

No tuve tiempo de opinar. Limpié mi habitación y acomodé las cobijas de la cama elevada. Me miré al espejo y dije:

—*Eres campeón, no lo olvides. Te pusieron a guiar a otro, porque tienes algo que enseñar. No temas. Sé tú mismo.*

Escuché un gran bullicio en las escaleras. Alguien venía dando gritos y cantando canciones rancheras. Era Ronaldo. Irrumpió en mi habitación empujando la puerta. Arrojó su mochila y dijo:

—*¿Tú eres mi teacher? Qué buena onda, caón... déjame darte un abrazo. La neta me han dicho que eres un chingón, chingüetes, no chingues, tus piernas son cortitas, pero deben ser poderosas, me cae. Como dos pistoncitos. ¿No caón?*

Ronaldo era alto, blanco, fuerte y **simpático**. El prototipo perfecto para que yo acabara cargándole la mochila y riéndome de sus chistes. Carraspeé; le contesté con seriedad.

—Ésa es tu cama. La de arriba en la litera. Duérmete temprano. Mañana entrenaremos tres horas.

—*Órale, güey. Me vas a traer en chinga, pero otra cosa, caón: la neta no puedo dormir en la cama de arriba. Me da vértigo. Además, si me caigo, me voy a dar un megachingadazo. Peso mucho. Tú eres más chiquito y estás bien flaquito. No seas mala onda, caón. Déjame dormir abajo.*

Apreté los labios y me mantuve firme.

—No, amigo —tu lugar es arriba.

—*Qué poca. Eres un o-je-te. A ver si no me rompo mi mandarina en gajos.*

Esa noche, cuando apenas estaba comenzando a conciliar el sueño, Ronaldo se cayó de la litera. Aunque más bien creo que se tiró. Hizo un gran escándalo y dijo muchas majaderías. Luego bajó la almohada y durmió en el suelo.

Al día siguiente le di mi cama. Él me lo agradeció diciendo copiosas frases de elogio. Yo dormí incómodo. **Quedé mal conmigo, pero quedé bien con él**. Así me evité problemas.

¡A muchos nos educaron para *quedar bien con los demás*!, el día en que tratamos de quedar bien con nosotros mismos, nos sentimos unos sucios egoístas. Pero el egoísmo sano es bueno. Es indispensable para ser felices. Se basa en la vivencia de nuestros valores por sobre todas las cosas; **se basa en abrazar (aun quedando mal con otros) lo que nos produce paz interior y verdadera alegría**.

La única persona de la que nunca me voy a librar es de mí mismo, así que YO soy el único ser humano con quien debo quedar bien ¡aunque los demás se ofendan!

Es bueno tener un pensamiento flexible capaz de comprender los puntos de vista ajenos sin criticar ni hacer juicios de valor, ¡siempre y cuando mantengamos la visión "egoísta" de lo que a nosotros nos da identidad y nos conviene!

Con el tiempo, me di cuenta de que Ronaldo era alegre, entusiasta y amigable. Hacía vínculos rápidos con las personas. Tenía una forma de mirar y sonreír que te convencían de su nobleza. Con frecuencia mostraba rasgos de generosidad. Ayudaba a los compañeros del equipo y acababa palmoteando a todos en la espalda. Por otro lado le encantaba desvelarse, tomar refrescos, comer chatarra, decir suciedades, analizar fotografías de chicas desnudas para determinar cuáles tenían silicones, y platicar de cómo les había hecho el amor a todas las mujeres del planeta.

Comprendí que él necesitaba aprender disciplina de alimentación y entrenamiento deportivo, pero yo necesitaba aprender de él un poco de la "buena vida". Así que comencé a observarlo y a tratar de imitarlo en algunas áreas. Me volví más su amigo que su mentor y dejé que la transformación de ambos ocurriera de manera natural *por el simple hecho de convivir*.

Y así sucedió. Hubo una transformación. Sobre todo en mí: Al final de ese año dejé de ser campeón, subí cuatro kilos porque me hice aficionado a consumir golosinas y refrescos; aprendí a distinguir los senos naturales de los operados, amplié mi vocabulario con neologismos locales que se volvieron de mi uso habitual como *caón*, *güey*, *neta*, *chingüetes*, *chinga* (y todos sus derivados). También aprendí a cantar canciones rancheras y a desvelarme sin perder la "alegría".

A Ronaldo lo expulsaron del Comité Olímpico, porque no logró las metas, y a mí me bajaron de rango. Perdí el prestigio deportivo que tenía y nunca me recuperé.

Quedé bien con él y quedé mal conmigo.

Cuando lo corrieron, fue a despedirse de mí. Me dijo:

—*Eres la neta, caón. Me trataste a toda madre. Nunca te voy a olvidar.*

Yo tampoco lo olvidé.

Tomé de Ronaldo un abanico de alternativas que creía necesitar para ser feliz (él lo parecía). Ignoraba que cuando se elige un camino, en automático se desechan otros.

Imaginemos que todos tenemos una **caja con herramientas para la vida**. Es limitada. Con un volumen preciso. Ahí guardamos **lo que decidimos ser: nuestros hábitos, convicciones, creencias, formas de conducta, amistades y valores**. No podemos sobrellenarla, así que cuando aceptamos algo novedoso y lo metemos en nuestra caja, tenemos que sacar las herramientas antiguas que se contraponen.

Conozco a alguien a quien no le gustaba el humo del cigarrillo. De hecho, lo detestaba. Si había un fumador cerca, en un recinto cerrado, se molestaba y se cambiaba de lugar lo más lejos posible. Esa persona se inscribió como estudiante en una escuela en donde casi todos fumaban. Con el tiempo se hizo muy amiga de varios fumadores y se acostumbró al humo. Ahora, incluso ha comenzado a fumar. En su caja de herramientas para la vida no caben al mismo tiempo las convicciones *detesto el cigarro* y *me gusta el cigarro*. Si una convicción entra, la otra sale. Le pregunté por qué había cambiado tan radicalmente de opinión sobre el tema y me dijo:

—Lo hice por mis amigos. Es más fácil convivir con ellos si soy como ellos.

Pero noté que su cambio no le gustaba. Decidió adaptarse, pensando primero en sus compañeros.

NADIE PUEDE SER FELIZ CUANDO TOMA DECISIONES EN FUNCIÓN DE LO QUE LOS OTROS QUIEREN.

Volví a encontrar a Ronaldo muchos años después. Se casó con una bella mujer a quien maltrataba; él seguía siendo machista, majadero y parrandero. Además, estaba desempleado.

Por azares del destino, su esposa conoció a la mía y le pidió ayuda. Cuando María me dijo de quién se trataba, no quise involucrarme. Yo tenía malos recuerdos de Ronaldo, pero sobre todo malos sentimientos hacia él, así que le pasé *el reto* a un conocido que imparte seminarios espirituales. Mi amigo actuó con gran generosidad. Contrató a Ronaldo como asistente en sus cursos, diciendo: *Si este hombre se involucra en la impartición de valores, algo aprenderá y cambiará.*

Pero no fue así. Quien cambió fue mi amigo.

Es loable tratar de ayudar a la gente que lo necesita y (sobre todo) que desea ser ayudada, pero nunca simpatizando con sus conductas, o imitándolas dizque para comprenderlas mejor.

No podemos permitir que otros metan basura y cucarachas en nuestra caja de herramientas. ¡Si no deseamos acabar como títeres o camaleones sin sustancia, dejemos de congeniar con los manipuladores que nos impresionan por su apariencia hueca!

Ganar nos hace felices, pero si de veras queremos *ganar*, a veces hay que perder: perder **amistades que no nos favorecen**. Perder relación y trato con **parientes perniciosos**. Perder **fiestas o viajes** en los que ocurren cosas que no van con nosotros.

Dos años después de que mi amigo estuvo viajando con Ronaldo; le pregunté cómo le había ido. Contestó:

—Lo acabo de despedir. Me esforcé por darle alguna semilla de valores, pero Ronaldo es un machista, mujeriego, alcohólico y sobre todo ateo. Eso fue lo que me colmó el plato. No soporté que se burlara de lo que yo amo.

—¿Y tú, cómo estás después de haberlo tratado tan de cerca?

—No me preguntes; hice muchas estupideces. Me siento avergonzado. Para tratar de hablar su mismo idioma, me volví un poco como él. Ni siquiera me atrevo a contarte las cosas que hice movido por su influencia. Perdí la dicha de ser coherente. ¡Ha sido el peor tiempo de mi vida!

—Te entiendo perfectamente.

Al ver a mi amigo tan abochornado, supe que estaría bien. Su conciencia lo haría recuperarse después de aprender esa gran lección: **Nadie puede poner en su caja de herramientas conductas o gustos incompatibles. Y no hay más felicidad en la vida que abrir esa caja y encontrarla limpia y ordenada.**

19

DEJEMOS DE COMPETIR CONTRA LOS AGUERRIDOS

Y disfrutemos el aire que respiramos

Mi hijo y yo hicimos la ruta que llaman **EL VALLARTAZO**. Es mundialmente famosa. Se recorren más de **cuatrocientos kilómetros** sobre la sierra en motocicletas Enduro, cuatrimotos y vehículos ATV tipo *buggy*. La ruta dura **dos días a través de senderos montañosos**.

Nuestro grupo estaba conformado por treinta y cinco vehículos. En cuanto salimos, nos dimos cuenta de que había varios participantes frenéticos dispuestos a todo por ir al frente. Entre ellos, *nosotros*.

Nos deteníamos aproximadamente cada hora para esperar a los rezagados. Capitán y yo íbamos en un *buggie* ATV turnándonos al volante.

En una de las paradas, conocimos a dos pilotos especialmente agresivos. Eran portugueses. Nos retaron.

—¡Su Razor jamás alcanzará a nuestro Commander! —parecían estar jugando; pero luego agregaron—: Grábenselo bien. Nosotros somos campeones; ustedes, losers.

Capitán enfureció.

—¿Qué les pasa? No nos van a ver ni el polvo.

Pero los portugueses no eran los únicos belicosos. Había al menos otros diez.

Reiniciamos la ruta. En cuanto arrancamos, el grupo se volvió a partir en dos. Los pilotos de carácter competitivo nos disputamos, febriles y exaltados, el gusto de ir al frente, siempre pisándonos los talones, rebasándonos unos a otros en senderos angostos, mojados, llenos de charcos y lodo.

Muy atrás (¡demasiado!), se quedaba el resto.

En la Sierra Madre Occidental, el camino está lleno de precipicios. Un descuido puede ocasionar que algún vehículo caiga al vacío. *Varias veces* los portugueses se nos cerraron haciéndonos frenar junto al desfiladero. *Varias veces* los alcanzamos para hacerlos sentir también la angustiante sensación de morder los linderos del barranco. En algunos tramos, el piso se hacía rocoso y lleno de profundas grietas. Eso *NO nos detenía*. Saltábamos sobre los obstáculos, inyectados de adrenalina.

De pronto, una cuatrimoto del grupo trasero se averió. Nuestro guía recibió la notificación por radio y nos hizo detenernos para aguardar. Al parecer, el mecánico había comenzado a reparar la descompostura y pronosticaba al menos una hora de espera. ¡Una hora cruzados de brazos en la montaña!

Nos quitamos casco, *goggles* y guantes.

Capitán se echó a caminar.

Los portugueses eran dos hermanos gordos con cara de ñoños. Los encaré, retador.

Entonces Capitán me llamó.

—Ven papá.

Estaba de pie, lejos de los vehículos.

Me hizo una seña poniéndose la mano sobre el pecho y moviendo el dedo índice para indicarme: *Toma una foto en el corazón*.

Tardé en reaccionar. Me paré al borde del acantilado junto a él. Entonces miré el paisaje. **Dios mío. ¡No había volteado alrededor!** ¡Qué lugar más hermoso!

Nuestro punto de observación estaba, literalmente, por encima de las nubes. Se veían los picos sobresalir de entre los cúmulos, como si pequeñas bolas blancas de algodón flotante fueran traspasadas por las cúspides de las montañas.

—Qué increíble, ¿verdad? —dijo mi mejor amigo.

—Sí...

Me senté en el piso frente al majestuoso paisaje. Él hizo lo mismo.

—¿Qué piensas, papá?

—Por tratar de ganarle el paso a los portugueses nos hemos perdido de estas maravillas. ¡Manejamos cinco horas *sin disfrutar el camino*!

—Ya sé lo que vas a decirme —contestó con tono de aburrición—, *hay que manejar despacio*. Desde el día en que tu chofer atropelló un cerdito y chocó después llevándote a trabajar, nos damos tiempo de sobra para llegar temprano a las citas sin tener que correr... **pero aquí es diferente. ¡Venimos a *divertirnos*, no a cortar florecitas!** ¿Verdad, papá?

—Sí. De acuerdo. Sin embargo, tú fuiste el que se dio cuenta de este paisaje espectacular y me invitaste a tomar una foto en el corazón. *¿Dónde está el equilibrio?*

Uno de los portugueses nos vio a lo lejos y puso su mano en la frente haciendo una seña en forma de *L*.

—Nos está diciendo *losers*.

—Déjalo.

—Papá, vamos a darles su merecido. ¡Lleguemos a Vallarta primero que todos! No me imagino ir al final de un grupo. Odio verles el trasero a las tortugas.

—Te entiendo —sonreí—, a mí tampoco me gusta ver traseros, sin embargo acabas de decir algo clave: **VENIMOS A DIVERTIRNOS**. Define *diversión*.

—¿Disfrutar el camino, *corriendo un poco*?

—Me gusta. Ahora dime. ¿Cuál es el sitio exacto en donde puedes ir rápido sin arriesgarte?, ¿el lugar de la caravana en donde *probarías tu destreza al conducir y aun disfrutarías el paisaje*?

Se quedó pensando unos segundos. Dijo sin mucha alegría.

—¿En medio?

—*Claro. Si lo piensas bien, esto es una lección de vida:* **en todos los ámbitos siempre hay un grupo de locos desaforados que van matándose por ganar a cualquier precio.** *También, están los precavidos apáticos que se toman todo con demasiada calma. Entre esos dos conjuntos se abre un enorme espacio vacío.* **¡Ahí van las PERSONAS FELICES!** *Las que se retan a sí mismas yendo a buena velocidad, a veces pisándole los talones a los delanteros, pero sin perder de vista la belleza de tener una familia, el privilegio de un cuerpo sano, la maravilla de estar vivo, el placer de disfrutar tanto del trabajo extenuante como de una buena comida, una buena siesta, una buena obra de teatro, una buena celebración.* **Ése es el equilibrio**...

Se quedó meditando unos segundos y preguntó después:

—*Hace tiempo escuché a un conferencista decir: "Lo único que importa es ganar; sólo el primer lugar es recordado, sólo el campeón pasa a la historia". ¿Está equivocado?*

—Sí. Es un **ERROR DE GENERALIZACIÓN**. *No siempre* el que llega primero es el verdadero triunfador. Reflexiona: los que van al frente, peleando entre sí como salvajes, *se vuelven impacientes, intolerantes, antipáticos, groseros*. Hacen *cualquier cosa* por vencer a otros, pero pierden capacidad para disfrutar su triunfo porque *sacrifican todo*. ¡Por unos minutos de fama, poder o dinero venden su alma al diablo! **En el otro extremo**, quienes van hasta atrás, en la cola, por ser demasiado precavidos, miedosos, timoratos, indecisos, pierden tiempo y oportunidades que sólo se dan al frente. **¡En cambio, quienes saben colocarse en el lugar estratégico, cerca de los primeros, aprovechan las oportunidades de adelante, se protegen observando los errores de otros, van rápido y disfrutan el viaje!** En resumen GANAN DE TODAS, TODAS.

El líder dio la indicación de encender motores. La cuatrimoto descompuesta había sido reparada. En cinco minutos los vehículos de atrás nos alcanzarían.

Fuimos a nuestro Razor. Subimos a los asientos, nos pusimos el cinturón de seguridad y los guantes. Antes de colocarnos los cascos le dije al Capitán:

—Acabo de recordar un viejo cuento oriental.

Sonrió.

—Dímelo.

—Estaba un maestro remojándose el cuerpo en el lago; su mejor discípulo se acercó a él y le preguntó: "Maestro, la gente del mundo entero se pelea por llegar primero que los demás, pero usted nos ha enseñado que lo importante en la vida no es ganar sino ser felices; por favor, dígame cómo puedo alcanzar la verdadera felicidad". Como ambos estaban con la mitad del cuerpo dentro del lago, el maestro le tomó la cabeza con ambas manos a su discípulo y se la sumergió. El joven aguantó la respiración; después quiso levantarse y su maestro se lo impidió. El joven luchó con fuerza y logró zafarse. Tosió, escupió agua. Tardó en recuperarse. El maestro le preguntó: "¿Comprendiste?". "No —contestó el discípulo—, yo le pregunté cómo puedo alcanzar la verdadera felicidad y usted casi me ahoga". El hombre le contestó: "A ver, hijo, trata de ser más analítico; hay algo muy importante que no pudiste ver, acércate otra vez, confía en mí, busca la respuesta". Volvió a tomarlo por la cabeza y lo hundió en el agua de nuevo. El muchacho ahora abrió los ojos bajo la superficie buscando el conocimiento, pero después de un minuto comenzó a ahogarse otra vez. Tragó agua, quiso salir y el maestro se lo impidió. Eso era una locura. Se debatió para salvar su vida y al fin consiguió liberarse, sacó la cabeza, tosió e inspiró con fuerza. Entonces dijo llorando y riendo al mismo tiempo: *"Ya entendí; ya entendí; para lograr la verdadera felicidad en la vida, debo aprender a disfrutar intensamente el aire que respiro"*.

El líder del grupo indicó que saldríamos en treinta segundos. Nos pusimos los cascos y *goggles*.

La caravana arrancó.

Aceleramos a fondo para ir con los punteros.

Una vez que el contingente se partió en dos, nos atrasamos un poco, dejamos a los aguerridos pelearse, y quedamos en el espacio vacío. Sin nadie que nos pisara los talones y sin retarnos a muerte con los portugueses. Aún disfrutamos del placer de la velocidad en la naturaleza (que es un placer sin duda), pero nuestros sentidos iban enfocados en gozar el camino y en disfrutar el aire que entraba a nuestros pulmones.

Llegamos a Vallarta cinco minutos después del grupo puntero.

Los portugueses se pavonearon frente a nosotros por haber llegado antes. Estaban colorados, embriagados de orgullo. Echaron unos gritos al aire y nos miraron como diciendo: "Somos mejores que ustedes".

Mi hijo y yo les sostuvimos la mirada sonriendo, y nos limitamos a respirar profundamente el aire puro del lugar.

20

CUIDEMOS A LOS AMIGOS Y EVITEMOS CREAR ENEMIGOS

Respetemos a pandas y muéganos

En primero de secundaria fui testigo de un **bullying escolar**: El mío.

Comencé a tener insomnio y dolores de cabeza. No quería ir a la escuela. Me volví más nervioso y bajé en mi rendimiento.

Aunque jamás dije algo al respecto, mi madre lo descubrió; ella veía más allá de lo evidente. Podía leer mis pensamientos.

Un día se paró frente a mí, y me impidió el paso:

—*¿Quién te está molestando en la escuela?*
—*Nadie.*
—*Es un grandulón, ¿verdad? ¿Qué te hace? ¿Te golpea?*
—*No. Para nada. Todo está bien. Si corriera peligro, te lo diría.*

Mi madre le platicó sus sospechas a papá y él me inscribió en **clases de karate**. A partir de entonces, pasaba las tardes frente al espejo haciendo **katas de artes marciales** e imaginándome cómo vencía al *Muégano* de una **patada voladora** frente a todas las chicas hermosas de la escuela.

El Muégano era un compañero de tercero. Moreno, corpulento, con la cara llena de bolas de acné. Como yo declamaba en las ceremonias cívicas y a los maestros les gustaba mi actuación, el Muégano me aterrorizaba. Me jalaba las patillas, las orejas o me daba golpes discretos en partes blandas. Su reinado sobre mí era psicológico. Durante varios meses me robó la felicidad. Pero yo contribuí a ello:

- *Me volví inseguro (como Goliat)*
- *Demostraba miedo todo el tiempo*
- *Reaccionaba con rabia, me ponía rojo y le daba el gusto a mi agresor de que me viera limpiándome las lágrimas*
- *No le decía a nadie lo que me estaba pasando*
- *Andaba siempre solo*
- *Me negaba a pedir ayuda.*

Dicen los expertos en el tema que un joven acosado por compañeros abusivos debe aprender:

- **A no darles la respuesta que esperan.**
- **A IGNORARLOS**, demostrar que **los insultos no le afectan**.
- A responderles con **calma y firmeza**.
- **A nunca caer en el juego de dejarse intimidar.**
- A no enfrentar **SOLO** las amenazas.
- A informar a un adulto y propiciar que las autoridades **pongan un alto** (si el joven afectado no se atreve a hablar o siente vergüenza, deberá **ESCRIBIR** lo que le sucede y darle la nota a uno o varios adultos que puedan ayudarlo).

Por fortuna (para mí) cuando la situación se volvió insoportable, entró a la escuela un alumno nuevo. Le pusieron *EL PANDA*. Era pequeño, regordete, blanco, de cabello negro y muy temperamental. Así que resultaba divertido molestarlo. El Muégano se fue contra él y se olvidó un poco de mí.

Yo me hice amigo secreto del Panda y prometí defenderlo con mis patadas voladoras, sin embargo, cada vez que veía venir al villano lo **dejaba solo**. De cualquier forma, el Panda **confiaba en mí**, no tenía amigos, hasta que un día (no puedo entender por qué lo hice ni cómo funciona el cerebro en estos casos), **¡yo mismo comencé a molestarlo!**

Para verlo asustado *le mandé recados amenazantes*. Él se escondió en los rincones del aula y agachó la cabeza para no llamar la atención. Mi pobre compañero sufría de verdad, pero a mí me habían hecho sufrir tanto que quería desquitarme.

Un día, **el Panda descubrió** que yo era quien lo hacía enloquecer de terror con los recados falsos, y fue a reclamarme.

—¡Me traicionaste! —dijo—, creí que eras mi amigo.

Yo le contesté:

—Eso te pasa por salirte de tu ambiente. Tú deberías vivir en los bosques de China —le di la espalda y me fui cantando—: *Osito, panda, / aún no andas / y ya queremos / verte jugar, /con tu mamita / que está orgullosa / de que naciste / en esta ciudad.*

—Eres igual que el Muégano —me gritó—. Me voy a vengar de ti.

—¡Regrésate a tu bambú! —respondí desde lejos—. Recuerda que eres sólo un *animalito inofensivo de ornato*.

Pero me equivoqué. El Panda no era inofensivo. Nadie lo es.

*En cualquier momento podemos perder a un amigo, pero **a un enemigo jamás lo perderemos**. Aunque pasen los años, estará dispuesto a desearnos y hacernos mal.*

Gran parte del éxito y felicidad que tanto anhelamos depende de que apliquemos esta sencilla verdad: **EN LA MEDIDA DE LO POSIBLE, CUIDEMOS A NUESTROS AMIGOS Y EVITEMOS CREAR ENEMIGOS**.

Ese año fui víctima y victimario de *bullying* escolar. En ambos roles sufrí las consecuencias.

Una vez que entramos al círculo del "maltrato-venganza" se pierde la felicidad (¡por eso hay que salirse de él cuanto antes!). En ese círculo, es común cometer cualquiera de los tres grandes errores del trato humano:

1. HABLAR MAL DE QUIEN NO ESTÁ PRESENTE.

Al dar noticias negativas respecto a un ausente, *todo lo que digamos será usado en nuestra contra.* De una u otra forma, la persona de quien hablamos a sus espaldas se enterará.

2. SER EXCLUYENTES, GROSEROS O DESPECTIVOS CON LOS DEMÁS.

Nuestros actos afectan a otros, y viceversa: ellos se encargarán de hacernos saber cómo los hemos afectado.

3. INSULTAR AL QUE CREEMOS MÁS DÉBIL.

No hay enemigo pequeño. Infringir este viejo aforismo podría causarnos las peores pérdidas y tristezas.

En la película *300* se narra la historia del rey espartano Leónidas que, con trescientos guerreros, peleó contra el gran Xerxes, rey de Persia, quien contaba con un millón de soldados. Leónidas era gran estratega. A pesar de la enorme diferencia de fuerzas, estuvo a punto de triunfar sobre el gran Xerxes. Sólo cometió un error. Rechazó a Efialtes, el pequeño jorobado que deseaba servirle en la guerra. Ese hombrecito deforme se enfureció tanto por haber sido despreciado, que fue con Xerxes y le reveló la debilidad de los espartanos. Así fue como el gran estratega y sus trescientos valientes fueron derrotados.

El integrante más pequeño del equipo puede convertirse en el elemento que haga derrumbar el esfuerzo de todos al final...

> *Decía el Rey Salomón: "No niegues un favor a quien es debido, si en tu mano está el hacérselo. No digas a tu prójimo: 'Vete y vuelve, mañana te daré', si tienes algo en tu poder. No trames mal contra tu prójimo cuando se sienta confiado junto a ti. No te querelles contra nadie sin motivo, si no te ha hecho ningún mal. No envidies al hombre violento, ni elijas ninguno de sus caminos".[3] Solo así serás feliz.*

Podemos hacer muchos estudios de filosofía y ciencia, pero siempre volveremos al mismo punto de origen:

Para ser felices hay que portarnos bien.

Esto no obedece a la moral o a la ética, sino a la conveniencia.

Decía Facundo Cabral: "Si los malos supieran qué buen negocio es ser bueno, serían buenos, aunque sea por negocio".

Cosechamos lo que sembramos.

Somos seres interdependientes.

Si provocamos perjuicios, lo pagaremos.

La persona más insignificante puede romper el equilibrio de nuestras vidas.

Eso me pasó en la secundaria.

Un día, vi al Panda platicando con el Muégano. Creí distinguir que **¡LE ESTABA DANDO DINERO!**

Entonces sí temblé de miedo.

Me hallaba amarrado a esos dos personajes por una cuerda de odio innecesaria, cuyos nudos no sabía deshacer.

Mi madre se paró frente a mí aquella tarde y me dijo:

—*Soñé que te golpeaban. Estás en peligro. Puedo sentirlo.*

3. Prov, 3, 27-31.

—No exageres, mamá. Todo está bien.

—Carlos. Tú no me puedes engañar a mí. Sé que te has metido en un problema. Quiero ayudarte.

Entonces no lo resistí más. Comencé a contarle todo. Lo que me hicieron y lo que hice... terminé sollozando y suplicándole que **no le dijera nada a mi papá**.

—Él tal vez quiera reclamarle al padre del Muégano y eso es peligroso. El Muégano me dijo que su padre usa pistola.

—No te preocupes. *Arreglaremos esto de manera civilizada, hablando las cosas en la dirección escolar.* Coordinaremos una junta con el Muégano, el Panda y tú, en la que estén presentes los directivos del colegio. *Vas a pedirle perdón al Panda y vas a dejarle bien claro al Muégano que no puede volver a molestarlos. ¿De acuerdo?*

—No, mamá. No estoy de acuerdo. Si ustedes me defienden voy a quedar como un chismoso, acusón.

—Tranquilo. *Hasta los individuos más ricos del mundo se quejan de quienes los perjudican y los demandan.* Lo importante es la forma; no se trata de gritar como un chismoso resentido, sino de *hablar como una persona inteligente que sabe explicar sus razones*.

Al día siguiente en la escuela, el Muégano organizó a varios adeptos a las peleas para que me dieran UNA GOLPIZA a la hora de la salida. *¡El Panda financió la masacre contra mí!*

Estuve a punto de caer en la trampa cuando fui detenido por el prefecto, quien me llevó a las oficinas. Ahí estaban sentados mis padres, dos maestros y el director.

El Panda y el Muégano llegaron después.

Así fue como aprendí tres grandes verdades:

- *Que la violencia no se combate con violencia.*

- Que los hostigadores como el Muégano se quedan quietos si los enfrentas de la manera correcta.
- Que los osos panda no son precisamente inofensivos.

21

ACEPTEMOS FRÍAMENTE LA REALIDAD PRESENTE

¡Y aprendamos a rebotar!

El primer piso de nuestra casa era una zona de desastre. **La inundación acabó con casi todo**. Muchos años de ahorros e inversión se habían esfumado de la noche a la mañana.

Arrastrando los pies sobre una gruesa capa de lodo, caminé al extremo más alejado de la estancia y traté de descolgar las cortinas; no pude; me quedé detrás de ellas, inmóvil, observando por una hendidura los impresionantes efectos de la catástrofe.

La noche anterior, varias toneladas de agua rompieron los vidrios, arrasaron con muebles, aparatos eléctricos, estatuillas artísticas y todo lo que estaba en la planta baja de la casa. Las paredes de madera se desprendieron, la alfombra blanca quedó sepultada bajo el barro, los sillones estilo Luis XV, desgajados, las sillas del comedor rotas, el trinchador al revés, las vajillas hechas pedazos. Era una zona de desastre.

Escondido detrás de las cortinas, cerré los ojos y reviví detalles de la última Navidad.

Justo en ese sitio, a dos metros frente a mí, vi el arbolito adornado con foquitos de colores; inhalé; olía a leña; a un lado corría sobre sus vías el trenecito que el Capitán acababa de armar; él seguía ahí, poniendo los muñequitos de la villa. Hacía calor; un calor reconfortante proveniente de la chimenea recién encendida. Todos cantábamos villancicos. El piso de madera reluciente, los tapetes orientales, las estatuillas de arte, las múltiples luces tenues como velas encendidas, y la excelsitud de los muebles barrocos le daban al lugar una gratísima sensación de plenitud. Era mi hogar. Nuestro hogar...

Entonces abrí los ojos y comparé el recuerdo recién dibujado con lo que estaba sucediendo. Sentí ganas de llorar.

Los escritores tendemos a ser personas tristes, taciturnas y melancólicas, precisamente porque para nuestro oficio precisamos desarrollar la "habilidad" de revivir con extrema nitidez las estampas del pasado antes de escribirlas; pero, esa "habilidad" casi siempre se convierte en perjuicio: Muchos escritores famosos han terminado alcohólicos, amargados, solos, sin familia, o muertos por efectos de la depresión.

—Eso no me sucederá nunca a mí —me dije.

Pero fue una frase hipócrita porque insistí en recordar, sabiendo que el ejercicio aumentaría mi desconsuelo.

Cerré los ojos y vi que en ese lugar María y yo solíamos sentarnos a tomar un café por las tardes, nos abrazábamos y nos besábamos. Contemplé las escenas con todo detalle... Una vez a la semana recibíamos visitas y filosofábamos con ellas sobre los valores de la vida. ¡Era nuestro sitio favorito para charlas de intimidad!

Alguien descorrió la cortina de un tirón.

Me sobresalté. Era mi esposa.

—¿Qué haces aquí?

—Nada. Pensando en lo que perdimos.

—¿Para qué? Mira *la realidad*.

Salí de mi escondite.

María había mandado traer **decenas de escobas**. Mis padres, hermanos, sobrinos y amigos estaban ahí desde hacía rato ayudándonos. Entre todos realizaban la titánica tarea de barrer el lodo que se metió a la casa junto con los miles de metros cúbicos de agua. **Trabajaban sin cesar.**

*La escena parecía sacada de la novela **Los miserables** de Víctor Hugo... Mi esposa asemejaba una pordiosera de las calles. Capitán tenía la cara llena de gotas de lodo abultadas como verrugas; mis sobrinos pequeños, ennegrecidos por la tierra, pasaban de un lado a otro la basura abanicando lentamente sus escobas sobre el suelo. Mis hermanos, sudando, movían los despojos.*

—Amor —me dijo María—, deja de lloriquear, toma una escoba y ayúdanos.

—¿Ya viste alrededor? ¿Ya pensaste en todo lo que había *aquí **ayer***?

—No. Lo único que me interesa es este metro cuadrado de piso que debo de limpiar *hoy*. Nada más.

Uno de mis sobrinos llegó a nuestro lado y me aconsejó:

—**HAY QUE REBOTAR, TÍO, COMO EL HOMBRE DE GOMA, que cuando se cae, rebota de inmediato. Porque es de goma...**

No supe a qué hombre de goma se refería, pero el comentario de mi sobrino me recordó un concepto de conducta humana que se ha puesto de moda:

El término ***bouncing back* o pararse otra vez**: la capacidad que desarrollan algunas personas de rebotar o volver al estado original después de sufrir una pérdida. También se le llama ***resilience*** (en español se usa el horrible anglicismo ***resiliencia***).

Las personas *resilientes* (capaces de recuperarse y volver a ser felices ante tragedias), tienen, entre otras, una característica primordial importantísima: comprenden y aceptan la realidad de forma fría, por más devastadora que sea.

Quien sabe rebotar (o es resiliente), se concentra en poner los pies en la tierra y reconoce con un pragmatismo lapidario que el pasado es un tiempo de preparación para el presente, y que en realidad sólo cuenta con lo que puede ver y medir a alrededor. De esa forma hace un recuento de sus recursos verdaderos, toma medidas de acción y trabaja para salir del hoyo.

Todos sufrimos adversidades en la vida. Para superarlas es necesario capitalizar lo que aprendimos en el pasado y aceptar fríamente la realidad presente.

Si Juan perdió una pierna, ésa es su realidad presente, y aunque Juan sigue siendo una persona completa, solo tiene una pierna. Mientras más rápido deje de lamentarse porque alguna vez tuvo dos, más pronto volverá a ser feliz.

Si el tornado se llevó la casa de Alicia, ésa es su realidad presente, y aunque Alicia puede volver a conseguir una casa donde vivir, no podrá hacerlo con optimismo hasta que **SE DESPRENDA AFECTIVAMENTE** de la casa que perdió.

Si Susana nunca pudo embarazarse o su único bebé falleció, Susana no tiene hijos y ésa es su realidad. Para que vuelva a ser feliz necesitará olvidarse por completo de lo que pudo ser y no fue, desarraigarse del pasado y amar su presente tal como es.

Las dos palabras que siembran mayor desdicha en los seres humanos son estas: *Si hubiera*... Mientras nuestra boca pronuncie estas palabras, no seremos felices (**si hubiera** llegado a tiempo. **Si hubiera** llovido menos. **Si me hubieras** hecho caso. **Si hubiéramos** sabido...).

Nada *hubiera*. Todo *es*. LAS COSAS SON COMO SON. Así funciona la vida.

Tomé la escoba y empecé a barrer. Hablé conmigo en voz baja.

*—Voy a ponerme unas **barreras de visión** como la que le ponen a los caballos que jalan carretas en la ciudad, dejaré de mirar hacia atrás **cayendo en el engaño de que la realidad está en otro lugar y tiempo. Mi vida está aquí, en los pasos que estoy dando ¡justo en este instante! El pasado no existe. Se ha ido. Ha desaparecido tal y como lo vi**. Si me enamoro del ayer (de lo que tuve, hice o logré) perderé el gusto por el hoy —eché un vistazo al escenario—, tengo una estructura de cemento recién inundada, eso es lo que tengo. Nada más. Y pensándolo bien, no es tan malo. Es un punto de partida. **Enfocando la mente en lo que tengo y no en lo que perdí, puedo rebotar como el hombre de goma**.*

En ese momento sonó mi teléfono celular. Era un amigo arquitecto que acababa de ver las noticias de la zona.

—¿Estás bien? ¿Tu casa no se inundó?

Me eché a reír.

—Por aquí pasó un *tsunami* —le dije—. Mi casa es ahora un albergue de renacuajos, algas, piedras, palos y sapos.

Creyó que estaba bromeando.

—Dime la verdad. ¿Estás bien?

—¡Claro que estoy bien! De maravilla. ¡Siempre me gustó el olor a tierra mojada! Por fortuna, el lodo vino de la montaña. Es barro limpio. Supe de otras casas que se inundaron con aguas negras.

—No puede ser. ¿Estás hablando en serio? ¡Voy para allá con una cuadrilla para ayudarte!

Conozco a ese arquitecto. Es de los que cuando apenas le estás platicando tus deseos de hacer una casita, se adelanta con cientos de trabajadores y construye un edificio en dos semanas (luego, orgulloso, te manda su factura).

—Espera —me curé en salud—. No tengo dinero.

—¡Olvídate del dinero! En este momento no soy tu proveedor, soy tu amigo. Voy para allá.

Colgué el teléfono y volví a ver mi realidad.

Contaba con amigos que mandarían cuadrillas de trabajo. Tenía padres (que aun siendo adultos mayores estaban dispuestos a romperse la cara apoyándonos con su amor y esfuerzo), tenía sobrinos, hermanos y cuñados; todos ellos alegres por tener la oportunidad de demostrarnos su cariño cuando más lo necesitábamos; tenía sobre todo unos hijos maravillosos y una esposa que no perdían por ningún motivo el optimismo y la alegría de dirigir a coro la porra de nuestra familia.

Viéndolo bien (desechando el *pasado* y el *hubiera*), la realidad presente era bastante buena.

Lo comprobé de nuevo y lo repetí por dentro:

Para ser felices, aceptemos fríamente la realidad presente.

Aprendamos a rebotar como el hombre de goma.

22

CUIDEMOS, POR SOBRE TODAS LAS COSAS, NUESTRA RELACIÓN DE PAREJA

¡Una cuota de cincuenta besos diarios apenas es aceptable!

Tengo un mal hábito: durante el proceso de escribir suelo consultar libros que no devuelvo a su lugar. Los pongo alrededor de mi computadora hasta que las pilas comienzan a tambalearse como edificios endebles; si se desploman, el estrago no me conmueve; sigo consultándolos en el suelo o sobre el sillón adyacente. Cada día acumulo más. María recita que hacen falta equipos de alpinismo y excavación para tener acceso a la mesa donde trabajo. Exagera. Yo llego a ella sin problema.

Ayer por la tarde, salí un rato al jardín. Cuando volví, *supe que había ocurrido una tragedia.* María sonreía triunfalmente. Corrí, alarmado, y hallé lo que tanto temía: *todo había sido cambiado de lugar, pero nada se hallaba en su sitio.* Ella había aprovechado mi ausencia para ordenar el estudio. Por cuanto también podía olerse, se auxilió de Teófila y de su inseparable abrillantador aromatizante. Flotaba en el ambiente una fragancia floral. *Mi DRAGÓN INTERIOR se despertó* casi de inmediato. No pude contenerlo. Abrí las ventanas, gritando:

—¡Qué pestilencia!, ¡aquí huele a baño público! ¿Dónde están mis libros y papeles?

María llegó con pasos lentos.

—Los acomodé.

—¡Pero revolviste todo!

—No se podía pasar.

—¿Y para qué querías pasar?

—Tenías un desastre.

—¡Un desastre bajo control! Era *mi* desastre. ¿Quién te dio el derecho a meterte con él? Deberías arreglar las zonas de la casa que te corresponden.

—Quise ayudarte. No entiendo cómo puedes trabajar así. Además estás dando mal ejemplo a los niños. Ellos tampoco quieren arreglar su cubículo.

—¡Pues edúcalos a ellos, no a mí!

Seguimos discutiendo por un largo rato; le pedí que me entregara *en la mano* todo lo que había escondido. Logré exasperarla también.

Nuestro enfado se agravó.

Pensé: "¿Cómo pude casarme con una persona tan diferente a mí?".

Recuerdo que, en nuestra boda, el sacerdote me dijo: tómala de la mano y repite: "Prometo serte fiel en lo próspero y en lo adverso, en la salud y en la enfermedad, amarte y respetarte todos los días de mi vida". Y yo repetí. ¡Pero no estaba consciente del significado de esas palabras! Lo mismo hubiera repetido cualquier otra frase como "prometo arrojarme todas las mañanas del más alto precipicio gritando 'me arrepiento' a todo pulmón".

Mi esposa y yo nos casamos sin conocernos bien (les pasa lo mismo a todos los novios). ¡Y dos extraños unieron sus vidas para siempre!

Han pasado veinticinco años desde entonces y **ahora sí que la conozco**: ella ama las fiestas, le gusta estar rodeada de amigas y hacer jolgorio, mientras yo soy huraño, prefiero la soledad y la discreción. Ella permanece despierta veinte horas diarias con un aguante físico espectacular. Yo, en cambio, si no duermo ocho horas diarias empiezo a tener dolores de espalda. Ella es inocente, afectuosa, cooperativa, impulsiva y cándida. Yo, desconfiado, competitivo, calculador e impaciente. Aunque a ella le gusta la pulcritud superficial, si revisas a fondo sus gavetas, todo lo tiene revuelto también. Yo, en cambio, soy desordenado por fuera, pero organizado en lo más hondo de mi ser...

¡Nuestras diferencias nos causan dolores de cabeza, pero también nos dan poder, porque **terminamos haciendo *JUNTOS* lo que jamás haríamos solos**!

Ayer en la noche, después de discutir porque acomodó mis cosas, tuve que reconocer que en efecto me hizo un favor, y que como estamos *juntos*, si no encuentro algo, ella siempre puede decirme *dónde lo escondió*.

Como ocurre la mayoría de las veces que nos acostamos enojados, terminamos abrazados por debajo de las sábanas sin más explicaciones. No soportamos hallarnos lejos el uno del otro. Nos complementamos. Somos socios y cómplices. Yo tengo lo que a ella le falta y ella me aporta aquello de lo que carezco.

Ésa es la esencia de la felicidad.

LOS SERES HUMANOS NO FUIMOS HECHOS PARA ESTAR SOLOS.

En un libro como éste sería una grave omisión excluir la gran verdad:

> **Nada puede causarnos más dolor** que perder a la persona amada o ser traicionados por ella. **Nada puede hacernos más felices** que encontrar el amor y vivir una hermosa relación de pareja.

Observemos a los jóvenes. Son transparentes. Pueden estudiar, hacer deporte, partirse la cara luchando por sus sueños, pero cuando se enamoran, todo pasa a segundo término: si les va bien en su noviazgo, cantan, ríen y corren a diario a los brazos de su amado(a). Si les va mal, en cambio, se deprimen, lloran, se encierran y pierden la sonrisa. Nunca veremos a alguien más alegre que cuando está enamorado. Y viceversa.

Así que: ¿deseamos ser felices?

De entre todas las cosas sagradas, respetemos las relaciones de pareja. Nunca finjamos amor. Jamás juguemos con los sentimientos de alguien. Por ningún motivo seamos groseros, desconsiderados, infieles o desleales con alguien a quien juramos amar.
Si las cosas entre los dos no funcionan, es mejor terminar la relación por completo, antes de buscar otra persona.

Y si ya nos casamos...

Por favor, démonos cuenta que tenemos en nuestras manos el auténtico tesoro de la felicidad potencial. Cuidémoslo, administrémoslo. **Tratémoslo con la mayor honra posible: invirtamos tiempo, creatividad y entrega a nuestro cónyuge.**
APOSTEMOS A GANAR.

Decidamos **sin excusas** ser felices juntos, entendiendo que él o ella es, ni más ni menos *nuestra única realidad presente*. Él o ella es lo que tenemos y lo que somos. No hay nadie más en el escenario. **Los viejos amores han muerto. No existen. Se fueron para siempre**. ¡BLOQUEEMOS LAS FANTASÍAS DE ROMANCES CON OTRAS PERSONAS! Seamos mil por ciento **fieles** a nuestro cónyuge. Apoyémoslo(a) en sus proyectos personales, pongamos todo **lo material** a nombre de él o ella. Que nuestra entrega sea real, medible con hechos, papeles y números. ¡Tiremos a la basura paradigmas estúpidos como "a la mujer ni todo el amor ni todo el dinero"!

EL MATRIMONIO ES UN JUEGO *DE DOS*. Como en el juego de volibol de playa. Si uno se equivoca, el otro corrige; si uno acierta, los dos se benefician. Ambos trabajan ayudándose. Pueden hacer cualquier jugada mientras no discutan con ira, mientras no se peleen en medio del partido.

AL CASARNOS, FORMAMOS UN EQUIPO INDIVISIBLE. Las reglas son claras: no podemos pedirle a él o ella que se siente en la banca mientras jugamos solos. El juego es de dos. Tampoco podemos decirle que se vaya a otro lado mientras invitamos a una nueva pareja a jugar con nosotros.

Para ser felices en el matrimonio declaremos, convencidos, estas verdades:

MI CÓNYUGE ES PARTE DE MÍ. Soy yo mismo(a), me guste o no. Por ningún motivo, voy a dejarlo(a) en ridículo. Jamás usaré el sarcasmo, ni le haré reclamos frente a otras personas; ni siquiera le haré insinuaciones, o chistes en doble sentido. Seré paciente con él o ella.

SI DENIGRO MI PAREJA, *YO* ME DENIGRO. Si uso palabras o gestos huraños (como si quisiera dar a entender al mundo que él o ella es muy poco para mí), en realidad soy yo quien acabará pareciendo un(a) imbécil.

VOY A DEJAR DE CAMINAR CON LA SOBERBIA DEL QUE ESTÁ SIEMPRE DISPUESTO(A) A CORREGIR A SU COMPAÑERO DE VIAJE... Aunque vea los defectos en mi esposa o esposo y, aunque el resto de la gente también los vea, *decido ser feliz a su lado*, como si sus defectos no existieran.

¡Seamos un poco cursis! ¡Qué importa si los demás se ríen! ¡Escribámonos cartas de amor! ¡Regalémonos detalles! ¡Caminemos tomados de la mano! ¡Exageremos en darnos

besos! (Una cuota de cincuenta besos diarios apenas sería aceptable).

Cuando María y yo cumplimos veinticinco años de matrimonio ella me dijo, viéndome a los ojos, frente a todos nuestros amigos y familiares:

—En este cuarto de siglo hemos pasado momentos inolvidables y también dolorosos; eso le ha dado el verdadero sentido, fuerza y madurez a nuestra relación. Amor: voy a hablarte con mis palabras. Lo que te quiero decir es que estoy muy agradecida con Dios por permitir que seas el hombre de mi vida, mi esposo, mi cobertura, mi protección y el padre de nuestros preciosos hijos. Gracias, cariño, por decidir vivir la vida conmigo. Sé que muchas veces no ha sido fácil, sino más bien difícil, pues somos diferentes en muchos sentidos, pero iguales en lo esencial: AMAMOS A DIOS. Sólo basta con cruzar nuestras miradas en medio de una alabanza y con los ojos llenos de lágrimas y sin palabras sabemos que nos une lo más grande y sublime. Fuimos concebidos en la mente y el corazón del Creador para vivir esta hermosa vida llena de aventuras y locuras, *juntos*. Siempre juntos.

El ambiente en aquella celebración era emotivo, casi resultaba imposible emitir palabras sin que la voz se nos quebrara; le contesté:

—Hace veinticinco años no sabía lo que estaba haciendo. Pero hoy sí lo sé. Ahora sí te conozco y quiero que sepas que tus errores no me importan, porque yo tampoco soy perfecto, y cuando me equivoco tú compensas mis fallas. Juntos hemos construido una historia, un viaje extraordinario. *Hemos renunciado* a muchas cosas por nuestra unión. Las decisiones que hemos tomado han sido siempre poniendo en primer lugar a nuestra familia. Estamos unidos por miles de momentos de intimidad en los que ambos hemos llorado con el dolor del otro y reído con sus ocurrencias; en los que los dos hemos resuelto problemas "nuestros", problemas que *en realidad no le importan a nadie más*. Hoy lo declaro. Por amor, por un amor que sobrepasa la pasión, que nace de la voluntad y de la decisión consciente, por un amor que se construye con hechos y sacrificios, pero que termina siendo la mayor dicha de la vida, hoy declaro que tú eres parte de mí. No voy a dejarte nunca, no voy a hacerte sentir mal. Jugaré junto a ti y disfrutaré cada jugada **hasta que termine el partido de la vida**.

SI QUEREMOS SER FELICES, CUIDEMOS, POR SOBRE TODAS LAS COSAS, NUESTRA RELACIÓN DE PAREJA.

*Una cuota de cincuenta besos diarios
apenas es aceptable.*

23

VIVAMOS COMO HIJOS DE DIOS

Y rechacemos el fanatismo

Cuando era niño, en casa **estaba prohibido burlarse de las religiones**. Todas eran respetables. Especialmente las de mis padres: él, devoto **CATÓLICO** (hijo de una gran creyente); ella, fiel **EVANGÉLICA** (hija de un ilustre pastor). Se casaron por ambos cultos y acordaron seguir a Dios sin pelearse por *las formas*. Cuando la tradición de uno se oponía a la del otro, la toleraban de buena gana. En mi familia buscábamos la esencia de ambos ritos. Desde niños descubrimos que era tan **deleitable** confesarse con un sacerdote para tomar la Comunión un domingo (disfrutando con fe de la *transubstanciación*), como confesarse con Dios en directo para tomar la Cena del Señor el siguiente domingo (disfrutando de la *conmemoración*). Tan honorable era orar como rezar, y tan justo era *portarse bien* PARA ganar la salvación, que *portarse bien* EN AGRADECIMIENTO a que previamente fuimos salvados. **La esencia de las religiones era idéntica aunque tuvieran distintos énfasis.**

Mis hermanos y yo (y ahora nuestros hijos) *seguimos siendo muy respetuosos con los diferentes ritos*. Nos sentimos **realmente ofendidos** cuando escuchamos a un cura hablar mal de *los hermanos separados* y nos irrita oír a un pastor criticar a los **tradicionales**.

Hemos aprendido a filtrar el amasijo de formas (sin mezclarlas) para centrarnos en un solo objetivo: **disfrutar la vida con Dios.**

Nada se ve igual cuando se le encuentra y percibe como una Presencia real. Creo que Dios se alegra con la felicidad de sus hijos. Sé que está feliz cuando me río. He percibido su abrazo y su mano señalando lo que hizo para mí, al contemplar un paisaje increíble desde lo alto de una montaña, al ver una bella puesta de sol, o al disfrutar el extraordinario brillo azul de los ojos de mi esposa.

Veo sus regalos en todos lados.

Puedo asegurar, sin temor a equivocarme, que por encima de las solemnidades humanas, el tener un puente y un **Mediador** *para poder comunicarme de manera directa y sin cesar con mi Padre del cielo, es lo que da sentido a mi vida.*

Me considero un creyente apasionado. Considero que soy literalmente hijo del Rey del universo, lo que me convierte en príncipe, heredero, representante de mi Papá. Hablo diariamente con Él y lo visito en un lugar secreto todos los días, llevando mi agenda de pendientes para pedirle su opinión. Leo su Palabra y estoy atento a sus mensajes.

Quiero aclarar, sin embargo, que en general soy apasionado por lo que amo (apasionado por mi esposa, por mis hijos, por mi trabajo, por la vida, por Dios). Pero **NO FANÁTICO**.

LA PASIÓN PRODUCE GOZO; EL FANATISMO, AMARGURA.

Una persona fanática es aquella capaz de perjudicar a otros, con tal de imponer sus creencias o normas morales.

En la antigüedad, los fanáticos religiosos se llamaban *fariseos*. Personas pulcras por fuera, pero podridas por dentro, tan apegadas a sus leyes y tan alejadas del amor que juzgaban, torturaban o crucificaban a quienes no las cumplieran a cabalidad.

Torquemada y los inquisidores eran fanáticos. También lo eran los cruzados, los cristeros, los talibanes, los yihadistas, Hitler, Stalin, Mao Tse Tung, Gadafi y todos los líderes autoritarios (capaces de perjudicar a otros por aplicar sus normas particulares).

Es verdad, no podemos ocultarlo: *mucha gente se ha alejado de la religión porque rechaza a los fanáticos*, sin darse cuenta de que Dios también los rechaza.

Jesús los atacó de manera frontal: los acusó de ser la peor calaña humana.

Seguramente a Dios le molesta el fanatismo religioso más que nada en el mundo porque **los fanáticos hacen daño a los demás** *en el nombre de Dios*.

El problema más grande es que el fariseísmo aún existe, muchas veces disfrazado de piedad.

Una ocasión acudí con mi familia a cierto evento gratuito en un estadio de futbol. Queríamos escuchar al cantante favorito de mis hijas. La propaganda que nos dieron en la calle decía que el artista se iba a presentar en concierto junto a otros cantantes desconocidos. Durante siete horas escuchamos peroratas religiosas sobre un nuevo dogma proveniente de otro país, sin que el cantante apareciera. El "apóstol" extranjero hizo supuestos milagros y levantó una ofrenda monetaria. La gente, furiosa, comenzó a irse. Nosotros esperamos hasta el final. El anhelado artista al fin salió a escena, cantó una canción (¡una sola!) y se retiró. Nos sentimos defraudados. En la propaganda que nos dieron aparecía su nombre en primer lugar. ¡Sólo lo usaron como gancho! Le escribí un correo reclamándole. Sorpresivamente, me contestó de inmediato:

"Estoy muy avergonzado; le pido una disculpa a usted y a sus hijas; supuse que quienes me invitaban a participar en el estadio deseaban dar un mensaje de amor (eso me dijeron), pero a ellos sólo les interesa atraer a las masas humanas por una cuestión de poder. Cuando me di cuenta era demasiado tarde. Ya estaba envuelto en un contexto religioso en el que se abusaba de mi nombre. Al terminar el evento les reclamé; de inmediato me acusaron de rebelde a la voluntad divina; usaron versículos para tratar de humillarme y demostrar mi egoísmo".

Después de recibir la disculpa del cantante, investigué lo que sucede en ese tipo de sistemas y encontré infinidad de datos.

He recopilado material para escribir un libro completo sobre el tema, pero creo que no hace falta (al buen entendedor, pocas palabras); me limitaré a dar a continuación sólo un ejemplo testimonial, citando a una **IMPORTANTE MUJER ESPECIALISTA EN *LAVADO DE CEREBROS*.**[4]

Mi nombre es Alice Chrnalogar; actualmente me dedico a rescatar personas atrapadas en organizaciones que exprimen a sus fieles. YO ESTUVE EN UNA SECTA FANÁTICA. Cuando entré a ella aprendí a buscar a Dios con todas mis fuerzas, lo cual me sirvió mucho, pero después crucé una línea muy delgada y comencé a buscarlo ya no por amor, sino por obligación y condenación. Lo único que me importaba era cumplir los requisitos de "santidad" que mis líderes exigían. *Nunca lo lograba.*

Poco a poco perdí mi pensamiento, mi autoestima, mi libertad y mi dinero. Se me dijo que debía obedecer *en todo* a mis líderes, siempre que no me pidieran que pecara. Y aunque

4. Paráfrasis testimonial de Mary Alice Chrnalogar, *Escrituras torcidas. Liberándose de las iglesias que abusan*, Miami, Vida, 2006. También leer: Bernardo Stamateas, *Intoxicados por la fe. Cómo ser labres de una religión tóxica y vivir una espiritualidad feliz*, Argentina, Grijalbo, 2010; y Jorge Erdeley, *Sectas destructivas. Un análisis científico de las religiones*, México, Publicaciones para el estudio científico de las religiones, 2003.

ellos jamás me pidieron que robara un banco o algo así, llegó un momento en el que estaban tan metidos en mi vida y mi mente que yo tenía que consultarles cada cosa que hacía.

Ellos decían saber lo que era mejor para mí. Que actuar fuera de su consejo mostraba falta de humildad y que estaba yendo en contra de Dios. Aseguraban tener más madurez que yo y estar más cerca de Él.

Realizaban grandes campañas para convertir a personas nuevas y meterlas a su doctrina autoritaria. Hacían sentir a los recién llegados como "inferiores" en tanto no tomaran sus cursos o discipulados.

Cuando yo expresaba alguna objeción se me decía que no debía juzgar a mis maestros, porque ellos "iban a rendir cuentas".

Acepté sus reglas y llegué a separarme de la gente "normal" al grado de considerar a mi misma familia como indeseable. Un día llegué a casa de mi madre a cenar. Como ella quería que habláramos de cosas del mundo, pensé: "Estoy perdiendo mi tiempo". No estábamos hablando de la verdad eterna de Dios. En cuanto cené, salí corriendo de ahí. Yo ya no podía ver a mis padres como las personas que me amaron, me criaron y me inculcaron valores. Ahora los veía como que pertenecían a otra categoría inferior. Me sentía totalmente separada de mis raíces.

Había sido atrapada. No era libre de salirme del grupo, porque se decía que a los que se iban les ocurrían tragedias. Irse de ahí era como vivir en maldición, lejos de Dios y bajo el dominio de Satanás. Al grupo en realidad no le importaba tu relación personal con Dios sino tu relación con ellos.

También perdí mi dinero. Me exigían el diezmo de forma agresiva. Llegaron a pedirme los recibos de mi nómina para comprobar que no le estaba "robando" a Dios con mis aportaciones. (Abusaban de la cita bíblica de Malaquías). Después comenzaron a pedirme ofrendas cada vez más grandes. Era frecuente que hiciéramos "pactos con Dios": escribíamos un cheque para ofrendar, lo levantábamos o lo poníamos en nuestro corazón y le pedíamos a cambio de ese dinero un milagro al Señor. Claro que teníamos que hacer el pacto con fe pues si el milagro no llegaba, sería nuestra culpa porque nos faltó fe. Para los pactos y ofrendas también aceptaban tarjetas de crédito (había módulos con maquinitas a la salida del salón).

Tardé mucho en ser rescatada. Tuve que irme del país y recibir terapias durante años.

Los grupos de crecimiento espiritual muchas veces comienzan con buenos principios y ayudan a la gente a salir de sus problemas, pero algunos se corrompen al momento en que sus líderes comienzan a reprender a todo aquel que piensa diferente.

Cuando asesoro a las personas que están metidos en esos grupos, les digo: "Haga la prueba. Desafíe a sus líderes cuando usted no esté de acuerdo con algo que le pidan. Observe cómo reaccionan. No diga chismes ni difamaciones, pero exprese algunos comentarios negativos del sistema humano que ellos han impuesto y preste atención a lo que ocurre. Ahí sale a la luz la verdad. Los fanáticos le dirán que usted no debe *analizar* sino *obedecer*, calificarán su opinión como rebeldía y argumentación satánica. Quizá incluso le digan que usted requiere liberación, oración o ayuno para corregir sus pecados ocultos. Le enseñarán todo esto a base de citas sagradas y lo condicionarán a que acepte su autoridad absoluta.

Lo triste del testimonio anterior es que ocurre con mayor frecuencia de lo imaginable.

¿Cómo discernimos entonces en este frágil terreno de las religiones?

¿CÓMO SABEMOS SI ESTAMOS PARADOS EN EL LUGAR CORRECTO?

Simple:

Tengamos siempre en cuenta el siguiente principio:

La presencia de Dios nos infunde AMOR, PAZ, PACIENCIA, BONDAD, BENIGNIDAD, FIDELIDAD Y GOZO, mientras que el legalismo humano nos causa ANGUSTIA, CULPA, OPRESIÓN Y HUMILLACIÓN.

Cuando Dios está en medio, nos sentimos felices.

Es así de claro.

Con lo anterior no estoy sugiriendo que rechacemos las RELIGIONES (**el liberalismo es la peor de todas**). Muy por el contrario, abracemos UNA y sigamos sus preceptos con seriedad.

Es bueno ceñirse a un grupo y **OBEDECER LAS REGLAS** (si juego futbol, ajedrez, dominó o rayuela, **sigo las reglas del juego**, ¿por qué no he de seguirlas *en la casa de Dios*?).

Obedezco no porque soy ciego, sino porque puedo ver.

Sólo debemos comprobar que el énfasis de nuestra religión se centre en el amor: amor a Dios y amor al prójimo.

Viviendo con ese énfasis, seremos realmente felices.

24

MOSTREMOS AMOR ANTES DE DORMIR

Cerremos con broche de oro cada día

María prepara el terreno para nuestros encuentros nocturnos:

No usa ropa muy sexi ni espera que yo la use, porque siempre se asegura de poner la temperatura del aire acondicionado **bajo cero**. A veces pienso que tiene algunos genes de *osa polar*. Para "inspirarse" en el sueño, literalmente precisa **congelar su entorno**. Se siente feliz sólo cuando han comenzado a formarse estalactitas en el techo.

Al llegar temprano a la cama, me pongo *pants* de felpa, sudadera, guantes, gorro y calcetines de montañismo; luego hago mi trabajo, aquello para lo que ella me espera ansiosa: volverme su cobertor.

La abrazo y charlamos hasta que hallamos el punto de equilibrio térmico (aun así, amanezco con hielo en las cejas).

Mi tiempo antes de dormir es *de ella*. Y también, de mis hijos.

Si bajo de un avión en mi ciudad rozando la noche, corro y me abro paso en los andadores. No pierdo tiempo. Voy directamente hacia mi casa. Al llegar, me dirijo a las habitaciones; si las encuentro cerradas, con la luz apagada, me entristezco.

Despedirme de mis hijos cada noche es uno de mis mayores placeres. Justo antes de dormir, cuando han bajado el ritmo de sus actividades, podemos hacernos las mejores confidencias. Es el momento ideal para decirnos mutuamente *te amo* o darnos consejos. Así que detesto llegar tarde a esa cita.

Reconozco que no es lo más sano para la independencia humana. Sé que mis obsesiones amorosas *pueden coartar la libertad de autonomía y el derecho soberano* de que cada uno haga lo que le dé su gana. Pero también creo que si todas las personas del planeta antes de dormirse tuvieran siempre a alguien a quien abrazar y decirle *buenas noches*, **el mundo sería un mejor lugar para vivir.**

A veces, por más que me apresure, no puedo llegar a tiempo. Los vuelos se retrasan y los horarios de viajes resultan escandalosos. Si eso pasa, nos perdonamos el beso nocturno. Lo que nos resulta imperdonable es no dárnoslo estando todos en casa. También sucede.

Soy un trabajador nocturno. Sobre todo cuando escribo. Después de las nueve y hasta las cuatro o cinco de la mañana, no hay distracciones alrededor. Entonces avanzo mucho en los proyectos.

Mis tiempos preferidos para usar *la pistola superpoderosa* que paraliza al mundo son *los nocturnos*, así que al ocultarse el sol, cuando la gente va a ponerse su piyama, me concentro en buscar la ***inspiración***. A veces me doy cuenta de que el tiempo se me ha ido, bajo las escaleras corriendo y hallo las habitaciones cerradas, en total oscuridad. Incluso María se ha quedado dormida *dentro de un cubo de hielo*. Lo lamento mucho.

A la hora en la que mi familia me necesita, mis personajes también me necesitan. Y no puedo ser fiel en ambos terrenos. Así que tengo que elegir. ¿Y quién no? **El ser humano de progreso precisa aprender a escoger.** No puede tenerlo *todo*. Al menos *no al mismo tiempo*. Entre mis personajes y mis seres queridos opto por los segundos, mientras estén despiertos.

A mi esposa y a mí nos gusta charlar antes de dormir; solemos hacerlo como dos amigos adolescentes que duermen juntos un fin de semana; repasamos todos los momentos del día y *nos reímos mucho* **de los detalles**. Ella es muy ocurrente. Dice que no puede conciliar el sueño sin sentir mi abrazo. A mí me pasa algo similar. Mi costumbre de ceñirla para atenuar el frío y dejar de tiritar es tan grande, que cuando viajo y duermo solo, *abrazo una almohada*. Mi esposa en cambio nunca ha aceptado cambiarme por un paquete de plumas o algodón. Ella quiere que *yo esté ahí...* **dándole calor *en nuestro iglú***.

Sólo cuando María se ha echado a roncar como una genuina osa polar, salgo sigilosamente y me voy otro rato a convivir con mis personajes imaginarios.

En la vida tecnológica de hoy, es común que muchos de nosotros podamos y queramos trabajar por las noches. Pero **procuremos no hacerlo**; ¡mucho menos a la hora de las despedidas!

Pocas costumbres **AVIVAN MÁS LA DICHA HUMANA** que merendar o cenar en familia, *sin la televisión encendida, generando un vínculo de amor que no puede ser sustituido por nada.*

¡Si de verdad nos interesa ser felices, **fomentemos el contacto físico**, los besos, los abrazos, las caricias y las palabras de elogio **antes de dormirnos**!

Primero es lo primero y nuestros seres queridos de carne y hueso están antes que los amigos virtuales de Internet o los seres inexistentes de películas o historias noveladas.

A la hora de cenar y de ir a la cama en su casa, **la persona de valor interrumpe sus actividades** (¡todas!), para intercambiar los momentos más sobresalientes del día **con sus**

seres amados, y procura no regresar a la computadora ni a la televisión (a menos que sea estrictamente necesario y haya dejado a todos descansando).

Eso es cerrar el día con broche de oro.

Conozco a un amigo que apenas llega del trabajo, se enfunda un pijama del Oso Yogi y enormes pantuflas de peluche con garras. Su esposa se disfraza de Bob Esponja, y sus hijos de Bart y Lisa Simpson. Cuando le pregunté por qué hacían eso, me explicaron: *"Nos ayuda a estar contentos; sería ridículo hacer escenas de mal humor usando camisetas de corazoncitos y gorras de Goofy con orejas largas"*.

Lleguemos a casa **TEMPRANO** y después de un día intenso, cambiémonos ropa de inmediato. *LA ROPA GUARDA ESTRÉS*. **Las fibras textiles acumulan partículas cuánticas que emitimos cuando estamos en tensión**. Para librarnos de la ansiedad del día, pongámonos ropa cómoda que se antoje para que abracemos con ella a los demás.

> Si nuestra meta es ser felices cada día, hagamos lo apropiado cada noche.

Aquí ya son las diez. Por eso fui al grano y escribí un capítulo breve.

Y aunque estoy entusiasmado con el tema del siguiente, voy a detenerme.

Tal vez regrese al rato.

O quizá continúe mañana.

Aún no lo decido.

Procuraré pasar la noche **donde me lo dictan mis prioridades**.

Solo si *de plano*, en la madrugada, no puedo contener las palabras del capítulo pendiente, volveré al estudio.

Por lo pronto, mi familia me espera para la convivencia más valiosa.

Y María ya ha comenzado a enfriar la habitación.

25

RECORDEMOS QUE HOY PUEDE SER NUESTRO ÚLTIMO DÍA

No lo desperdiciemos estando de mal humor

Parecía el escenario de una película de ciencia ficción. Las torres de electricidad habían sido dobladas por el **tornado**. Se veían cables en el suelo, casas destruidas y camiones al revés, como si un monstruo gigante hubiese pasado por esa pequeña ciudad de Texas, derribando todo a su paso.

María y yo contemplábamos la devastación, ASUSTADOS.

Llegamos al aeropuerto y nos dijeron que nuestro vuelo *se adelantaría* treinta minutos. Eso era *muy* inusual.

—Los vuelos siempre *se demoran* —protesté en la ventanilla—. Jamás se adelantan. ¿Ocurre algo raro?

—Nos han informado que dentro de unas horas llegará *otro* tornado similar al de la noche anterior. Los controladores de vuelo recomiendan nuestro despegue antes de itinerario, para aumentar el rango de seguridad. De cualquier manera si ustedes prefieren viajar mañana, podemos cambiarles sus pases de abordar.

María y yo nos miramos.

—¿Qué opinas? —le pregunté.

—Si la línea aérea considera que es seguro viajar, hagámoslo. Salgamos de este sitio siniestro. No quiero pasar la noche en un refugio subterráneo.

—Tienes razón. Vámonos.

—Cuando entramos a la sala de abordar nos dimos cuenta de que la mayoría de los pasajeros habían optado por la opción del búnker bajo la tierra. En un avión de cincuenta asientos sólo iríamos ocho personas.

¿Nos habríamos equivocado?

Llegaron las azafatas para iniciar el abordaje. Eran dos mujeres maduras. Se veían nerviosas.

—Voy al baño —dijo María.

—No hay tiempo —la detuve—. Me imagino que planeas aplicarte un tratamiento para el cutis. A mí me gustaría perderme en el rincón de la última librería a leer un diccionario eslovaco, pero si vamos a viajar, tenemos que subir al avión *ahora*.

—Amor, tengo miedo. Mira por la ventana. El cielo se ha oscurecido.

—Señorita —le dije a la aeromoza que estaba recogiendo los pases—. El vuelo es seguro, ¿verdad?

—Claro. No se preocupe. Ésta es una línea comercial. Jamás toma riesgos. Pero *hay que salir ya*. Ustedes son los últimos. ¿Van a subir?

—Sí.

Cinco minutos después, la aeronave carreteaba por la pista de despegue a toda velocidad. Miré por la ventanilla. Había relámpagos sin lluvia y una nube muy negra sobre nosotros.

Tomé de la mano a María.

—Todo va a salir bien.

Pero *nos equivocamos*. En cuanto el piloto, temerario, hizo despegar el avión, también supo que había cometido un error.

—Manténganse sentados —nos dijo por el altavoz—, con sus cinturones *fuertemente* abrochados.

La recomendación era innecesaria. Nadie pretendía hacer otra cosa.

Nos internamos en la negra espesura y de inmediato fuimos azotados por ráfagas de viento envolventes.

El avión se fue en picada, luego la cabina dio un giro y la nave subió a toda velocidad para bajar en caída libre otra vez. Cerré los ojos. *¡Esto no podía estar sucediendo!*

Me asomé por la ventanilla y vi una vaca volando, los vagones de un tren que giraban y la cara de mi abuelita que me saludaba. **Estaba alucinando.**

El fuselaje tronaba como si estuviera a punto de estallar. Los ocho pasajeros nos aferrábamos a los descansabrazos, guardando la respiración y contrayendo el cuerpo.

> *Cuando te avientas del "bungee", durante los primeros segundos pierdes el aliento y el cuerpo se prepara en silencio para recibir el impacto.*

Eso nos pasó.

Con extrema dificultad, venciendo las presiones gravitacionales me agaché sobre mi esposa para mirar hacia el pasillo. Entonces vi lo que tanto temía: Las azafatas, llorando, arañaban como vampiros al ocaso queriendo salir de su ataúd, un compartimiento superior en donde tal vez guardaban paracaídas clandestinos.

Supe que el avión se desplomaría en cualquier momento. Apreté muy fuerte la mano de mi esposa y pensé en nuestros hijos. Estaban pequeños y quedarían huérfanos. Pero aun a su corta edad, habían recibido de nosotros un legado.

María les enseñó amabilidad, dulzura, generosidad, amor al prójimo y fe inquebrantable... Yo en cambio, perfeccionismo, tenacidad, apego al trabajo, sentido de urgencia y prisas. Amplié mi repaso: a Honey le enseñé a dar la pata y a cachar la pelota. A Goliat, a no sentirse inferior a pesar de ser tan inferior...

Vino a mi mente la gran pregunta: ¿FUI FELIZ Y AYUDÉ A LOS DEMÁS A SER FELICES?

En esa interrogación se resumía el sentido final de mi paso por la Tierra.

Miré hacia la ventanilla y vi todo un rebaño de vacas y bueyes volando con su pastor detrás. Volví a cerrar los ojos. **A punto de morir, mis ojos no eran confiables. Mi mente tampoco**.

María estaba rezando. Con la cara bañada en lágrimas parafraseaba algunas citas bíblicas y hablaba con ***Papá***. Quise unirme a su plegaria, pero no pude hablar mucho. Temblando, murmuré:

—*Padre Celestial, mi esposa y yo te hemos seguido y hemos aprendido a ver la vida a través de tus principios... No nos lleves contigo todavía... Nuestros hijos nos necesitan...*

Guardé silencio. Pero en mi mente resonó una promesa que alguna vez leí y tomé para mi vida, de parte de Dios.

"Te he buscado; eres mi hijo: no tengas miedo, yo te he liberado, te he llamado por tu nombre y tú me perteneces. Aunque tengas graves problemas yo siempre estaré contigo. Cruzarás ríos y no te ahogarás, cruzaras el fuego y no te quemarás, porque yo soy tu Dios y te protegeré. Para salvarte la vida tuve que pagar un alto precio. No tengas miedo. Yo estaré siempre contigo. No importa donde estés yo te haré volver a mí".

Entonces sentí paz. El avión seguía tronando, subiendo y bajando, pero yo ya no tenía miedo. Con los ojos cerrados recordé que nuestros cuerpos son como una tienda de campaña no permanente y que Dios nos tiene preparada en el cielo una casa eterna, que no ha sido hecha por manos humanas. *Ningún ojo ha visto, ningún oído ha escuchado, ninguna mente humana ha concebido lo que Dios ha preparado para quienes lo aman...*[5]

A un niño que nació ciego, sus familiares le platicaban **cuan hermosos era la luz y los colores.** Pero el niño, por más que se esforzaba por imaginar, no lograba comprender las descripciones. No tenía referencia alguna que lo ayudara a disfrutar la grandeza de lo **nunca visto.**

Un día, ese niño fue sometido a una operación y pudo ver. Pasó varios minutos con la boca abierta aguantando la respiración a intervalos. Lo que estaba frente a él **era increíble.** Nada de lo que los demás le dijeron se parecía a *eso.*

Con frecuencia le pedimos a Dios que sane a un enfermo, pero después de un tiempo, el enfermo muere y *reclamamos.*

¡SOMOS TAN CIEGOS! No nos damos cuenta de que, en realidad, ese enfermo *sanó*... tiene un nuevo cuerpo. Sus ojos han sido operados y puede *ver al fin lo que nosotros ni siquiera somos capaces de imaginar...*

La muerte nos causa consternación y temor. No debería ser así. A todos nos ocurrirá. Quizá más pronto de lo que imaginamos.

Hace poco murió uno de mis mejores amigos. Era piloto de aviones ultraligeros. Cuando mi Princesa cumplió quince años fuimos a Valle de Bravo y nuestro amigo voló con ella durante más de una hora en un ala delta. El resto de la familia volamos al mismo tiempo con sus colegas en parapentes.

5   1 Cor, 2,9.

Minutos antes de despegar le pregunté a mi amigo si era seguro lo que íbamos a hacer. Me contestó:

—*Claro, yo jamás me arriesgaría; tengo tres hijos que adoro y una esposa increíble*...

Disfrutamos aquel vuelo con mi amigo, pero días después, el ala de su ultraligero se colapsó y cayó desde treinta metros de altura. Demasiado bajo para que se abriera el paracaídas de emergencia. Demasiado alto para que sobreviviera...

Nadie puede predecir el día y la hora de su muerte. *El momento llega cuando menos lo esperamos*.

MI AMIGO NO TENÍA PLANES DE MORIR (*¡para nada!*). **Nosotros tampoco.** Pero somos insensatos al creer que viviremos muchos meses o años más... *Esta semana podría ser la última, ¿cómo nos atrevemos a desperdiciarla, estando de mal humor?*

Dios quiere que vivamos felices. Él dice: "Alégrate siempre. Insisto: ¡*Alégrate*! que tu amabilidad sea evidente a todos... Cada mañana, cuando despiertes, recuerda que estás vivo(a) por mi gracia. Y si algo te roba la felicidad *recuerda*: yo sé muy bien los planes que tengo para ti; son planes de bienestar y no de aflicción. Cuando me busques me encontrarás. Cuando me hables te escucharé y nada, ni la muerte ni la vida, ni los ángeles ni los demonios, ni lo presente ni lo futuro, ni cosa alguna en toda la creación, podrá apartarte de mi amor".

Nos sentimos infelices porque estamos lejos de Dios. Al momento en que decidimos acercarnos a Él **con fe**, todo toma su lugar; los elementos de nuestras vidas se alinean en un orden exacto.

Creí escuchar gritos en el avión. Abrí los ojos. Algunos pasajeros habían recuperado el aliento y estaban dando alaridos. Eso era una buena señal.

> *Cuando la liga del "bungee" se estira y regresa, la persona puede respirar para después emitir un chillido espeluznante que significa "¡auxilioooooooo, que carajoooooos hagooo aquíiii!".*

Volví a inclinarme para mirar atrás. Dos aeromozas se habían puesto los chalecos salvavidas amarillos y seguían berreando. Eso no me gustó. Mientras ellas no recuperaran la sonrisa sádica que les produce el ya no repartir ni siquiera cacahuates, significaba que el ángel de la muerte seguía rondando...

Minutos después, el piloto *vivo* recuperó el control (el otro murió de un ataque cardiaco o se desinfló como muñeco de aire, porque nunca lo vimos salir). Aunque el avión siguió sacudiéndose y haciendo ruidos aparatosos, su trayectoria dejó de ser errática.

Tardamos diez minutos (eternos) más en abandonar el tornado. Cuando lo logramos, abracé a mi esposa y ella me ciñó con todas sus fuerzas. Lloramos de alegría. Le dije después:

—Desde que nuestra primera hija nació, he querido escribir un libro sobre la felicidad. Bajando de este avión voy a dedicarme a ello.

—Sí —contestó—. Te apoyo.

—¿Sabes qué es la felicidad?

Entonces comencé a hablar sin hacer pausas. Un sinfín de ideas borboteaban en mi cabeza. María asentía con la vista perdida. Ella estaba sacando sus propias conclusiones. Hice un discurso para mí; horas después, llegaría a escribirlo.

LA FELICIDAD ES...

- Decidir *estar alegres*, y *aprender* algo nuevo cada día.
- Aprender a controlar nuestros impulsos destructivos.
- *Tener confianza en nosotros mismos* (valemos mucho aunque los demás no lo reconozcan).
- Ante la ADVERSIDAD, buscar siempre un SIGNIFICADO basado en valores.
- Respetar a las AUTORIDADES y ayudarlas a cumplir sus funciones.
- BUSCAR MOMENTOS BELLOS: al hallarlos, concentrarnos, respirar hondo, cerrar los ojos unos segundos *y tomar fotos en el corazón*.
- No pelear con los sinvergüenzas; recordar que pueden robarnos lo material, pero nunca la alegría.
- Aprender a generar riquezas materiales haciendo trabajos de gran calidad.
- Descruzar los brazos, desfruncir las cejas, mover los hombros y BAILAR un poco.
- Aprender a estar alegres SIN TOMAR ALCOHOL.
- Saber paralizar al mundo para INSPIRARNOS.
- MANTENERNOS EN BUENA FORMA FÍSICA Y MENTAL.
- Practicar actividades al aire libre y convivir con PERSONAS de carne y hueso.
- Abandonar rápidamente los estados de miedo, depresión o enojo, moviéndonos hacia LA REALIZACIÓN.
- CUIDAR las PALABRAS que decimos porque son el arma más poderosa para causar dolor o alegría.
- Salir de casa con TIEMPO DE SOBRA; evitar exponernos a desgracias por ir de prisa.
- NO TRATAR DE QUEDAR BIEN CON TODOS; tomar decisiones en función de nuestros principios.

- Dejar de luchar por ir siempre en la punta; colocarnos en un **LUGAR ESTRATÉGICO** para ganar de verdad.
- **Cuidar a nuestros amigos y evitar crearnos enemigos.**
- Comprender y aceptar **LA REALIDAD** *de forma fría*, por más devastadora que sea.
- Acostumbrarnos a decir **ELOGIOS** (son caricias para el alma).
- Por sobre todas las cosas, cuidar nuestra **RELACIÓN DE PAREJA**.
- **BUSCAR A DIOS con fe y pasión.** Convertirnos en sus hijos cercanos; ser religiosos, pero no fanáticos.
- Cada noche, antes de dormir, **abrazar y besar a nuestra familia**.
- Recordar que la vida es breve; **HOY PUEDE SER NUESTRO ÚLTIMO DÍA** y no debemos desperdiciarlo estando de mal humor...

Una hora después, aterrizamos.

Jamás he sentido tanto gusto al pisar tierra.

A partir de entonces comencé a redactar los temas de este trabajo. Lo hice despacio. Disfrutando cada uno. Sin pensar en los críticos o los criticones... Dispuesto a darle a mi amigo(a) lector(a), *como nunca lo hice antes en ningún otro libro*, una parte de mi corazón. Recordando siempre que la vida es breve y que **sin importar las dificultades actuales vale la pena decidirnos a ser, de una vez, verdadera —intensa— y profundamente felices...**

Este libro se imprimió en mayo de 2015 en
los talleres de Litográfica Ingramex, S.A. de C.V.
Centeno 162-1, Col. Granjas Esmeralda, México D.F. C.P. 09810
ESD 5e-23-4-M-10-05-15